JN087551

心理と教育へのいざない

（新訂）心理と教育へのいざない（'24）

©2024　苑　復傑・向田久美子・佐藤仁美

装丁デザイン：牧野剛士
本文デザイン：畑中　猛

s-82

まえがき

　人間の長い歴史の中で，生まれて来る子どもたちをどう育てるか，ま
た彼らがどう育っていくかは，常に大きな問題でした。近代になって，
それをより体系的に考えることを目指して「教育学」が発展し，さらに
その基礎となる人間の心を科学する学問として「心理学」が生まれ，ま
た特に人間の成長過程でおこる様々な心の問題に対処することを課題と
して「臨床心理学」が作られてきました。

　これらの三つの学問領域は，それぞれ固有の考え方や，研究課題の立
て方，研究方法，そして実践への関わり方をもって発展してきました。
心理と教育の分野に興味を持たれた方々にとっては，まずこれらの三つ
の領域について一通りの理解をしておくことが有益です。そうした理解
の一助として各分野の専門家がそれぞれの知見を持ち寄って作ったのが
この本です。またこれは放送大学の教材として，心理と教育コースを履
修する，すべての学習者のための基盤となるテキストでもあります。

　この本の第1章では，教育学・心理学・臨床心理学の三領域につい
て，それぞれその特徴を簡単に紹介します。続く第2章から15章まで
は三つのセクションに分かれています。

　まず第2章から第6章までは「教育学」の紹介です。第2章では，そ
の一分野である教育社会学がどんな研究対象にどうアプローチするのか
を概観し，教育事象をありのままにとらえて，その背景を科学的に探究
することの意義について考えます。

　第3章では，成人教育学の代表的知見に基づき，大人の学習の特徴，
学習を促す要因を説明し，成人対象の教育や学習活動の意義を考察しま

す。

　第4章では，ICT（情報通信技術）が大学教育にどのような可能性を与えるかに焦点を当て，大学教育にICTを活かすための組織的，制度的，経済的な条件を整理して，ICTの発展による社会と個人の変化と，それがもたらす大学教育の基本的な課題について考えます。

　第5章では，大学を中心とする高等教育について，その拡大と発展の歴史を概観した上で，高等教育研究の概略について紹介し，その幅広さと奥深さに初学者をいざないます。

　第6章では，学校教育制度と教育課程行政をとりあげて，政治や国際調査の結果が日本の学校教育制度・政策に与えている影響を概観し，教育行政学という学問の特徴について概説します。

　次に第7章から第10章までが「心理学」の紹介です。第7章では，スマホなどの人工物についての「使いやすさ」（ユーザビリティ）研究や「ユーザ体験」（UX）研究を紹介し，それを通じて認知心理学という学問分野へいざないます。

　第8章では，教育心理学の視点から，主体的な学びということについて考えていきます。学習目標に向けて自分自身の認知や行動などを調整しながら主体的に学ぶ学習，つまり自己調整学習に焦点を当てて考察します。

　第9章の，社会心理学は，社会的動物である人間の心を探究する学問であり，そこでは「対人認知」が重要な研究領域と位置づけられています。ここで擬人化や非人間化という現象を通じて，人が他者を認識する過程について検討していきます。

　第10章では，「発達」の概念について説明し，赤ちゃんの発達に目を向けて，その始まりとなる胎生期と乳児期の発達について詳しく紹介します。そしてそれを通じて，生涯にわたる心身の変化や安定性を研究す

る学問としての発達心理学を紹介します。

第11章から15章までは「臨床心理学」です。第11章では，学問分野としての臨床心理学の全体像を俯瞰します。一つの学問体系でありつつ，心理臨床の実践が不可欠であることを初めとして，臨床心理学の発想，対象領域，手法などについても見ていきます。

第12章では，特に心理療法について紹介します。クライエントのイメージ表現を通して，その体験世界を共有し，共に生き方について検討しながら，クライエントが新しい人生物語を創造する，という心理療法におけるイメージと物語の意義について考えます。

第13章は，学校を対象とした臨床心理学の紹介です。子どもや保護者にとって身近な心理職の一つであるスクールカウンセラーの仕事を通して心理療法や子どもの成長について考えます。

第14章では，学校外カウンセラーをとりあげます。教育相談センター・室の役割について紹介した上で，そこでの心理臨床の実践，心理職の役割について考えます。

第15章では，放送大学で目指すことができる心理学関係の資格を解説します。認定心理士，臨床心理士，そして公認心理師の資格はどう異なるのか，また，心理学を学ぶ上でそうした資格が持っている意味についても考えます。

本書はコンパクトな中にきわめて豊富な内容をもっていますし，読み物としても面白いものになっています。これを読まれる皆さんが，人間の成長・発達への興味を深め，さらに専門的な領域の学習に進まれることを心より願っています。

主任講師　苑　復傑　向田久美子　佐藤仁美
2023年　仲秋

6

目 次

1 | 心理と教育へのとびら

苑 復傑・向田久美子・佐藤仁美

《**学習のポイント**》 教育学，心理学，臨床心理学は，人間の発達を研究対象とする隣接学問分野である。本章では，3領域のそれぞれの研究対象，研究方法，最近の研究課題を解説し，この分野の学問研究が現実とどのようにつながっているか，それを学ぶ意義を考える。
《**キーワード**》 教育，心理，臨床心理

1. 教育学

　この節では教育についての三つの基本的な問いを手掛かりにする。一つ目は「どう教えるか」，二つ目は「学校をどう作り，支えるか」，そして三つ目は，「教育の現実をどう見るか」である。そのそれぞれの問いが現代の教育学にどうつながるかを，たどってみよう。

（1）どう教えるか

　教育についての最も率直な問いは，どう教えたらよいのか，ということであろう。教育とはそもそも大人が子供に「教」え，それに応じて子供が「育」つことを指している。そうした意味での教育は人類の発生から日常の生活の中で行われていた。それが特に「教育」という活動だと意識されるようになったのは，中国の孔子（紀元前6-5世紀），ギリシアのソクラテス（紀元前5-4世紀）などの傑出した教師が，生徒を教えたことに始まる。

　その後の教育は緩慢に変化した。教育がさらに発展するためには，改

めて「どう教えるか」が問題にされなければならなかったのである。それに応えたのが、近代社会と学問が胎動し始めた17世紀ヨーロッパのコメニウスという学者による「教授学」（Pedagogy）の提唱であった。それが教育学となっていく過程では、三つの焦点があった。

　第一の論点は、どのような**方法**で教えるか、である。たとえば孔子やソクラテスが基本としたのは弟子との対話であった。それ以後には文化や宗教の発展に伴って、それを生徒にどう伝えるかが問題になっていった。中国とその周囲の文化では、論語をはじめとする古典を生徒が声を出して読む「素読」が重要な学習手段となった。西洋では古典を暗記して声に出す（復唱— Recitation）ことが重要な教育の手段となった。

　しかしこうした方法は、いわば無理やりに知識を詰め込むということにつながりやすい。それに対して、子供を一つの人格としてとらえ、その主体性を活かすことが必要だという主張を行ったのが、18世紀の哲学者ルソーであった。そこから、子供がどのように興味をもち、また学習していくか、ということをめぐって、様々な研究が行われてきた。これが現代の「教育方法論」、「教育心理学」につながっている。

　この問題は第二の論点、どのような**内容**を教えるかにつながる。初歩的な教育の内容はいわゆる「読み書き算」の技能を身に着けることにある。それに次ぐ教育内容は宗教的な教え、あるいはそれぞれの文明の古典であった。近代科学が進み、また社会についての分析的な考え方が発達するにしたがって、学習するべき知識の内容は整理され、現在の学校における「教科」、そしてそれを段階に応じて教える計画としての「カリキュラム」を作ってきた。

　しかし子供にとって、教科に整理された知識は押し付けられたものとなりがちである。子供自身が身の周りのものと関わって、何らかの経験をし、それを整理することによってより身に着いた、活きた知識を獲得

できるのではないか。こう主張したのが20世紀前半のアメリカの教育学者デューイであり，その考え方を「経験（進歩）主義教育」という。2000年から小学校に導入された「総合的な学習の時間」の根底にはこうした流れがあるのである。

　以上の二つの問題は，何を教育の**目標**とするか，につながる。孔子やソクラテスが目指したのは弟子の人格的な成長であったが，近代以降では，急速に広がる知識・文化，そして発展する技術を身に着けることが重要な目標となってきた。しかし急速に流動化し，多様化する現代社会では，知識を活かす人格が要求される。また知識が爆発的に拡大し，情報通信技術（ICT）が発達すると，自ら考えて知識を獲得する能力も要求される。「生きる力」や「探究的な学習」が提起されるのにはこうした背景がある。

　以上に述べた点についてさらに理解を深めたい方は，まず全体の流れについては，佐藤学『教育の方法』(2021)，カリキュラム論については，田中統治他『心理と教育へのいざない』(2018)，などを参照していただきたい。

（2）学校をどう作り，支えるか

　教育が，家庭での子供の養育を越えて，社会に共有され，受け入れられるためには，現実には教育の場としての「学校」が必要となる。そこではいくつかの論点が生じる。

　第一の論点は学校**制度**である。歴史的に見れば，学校制度は，初歩的な教育を与える民衆教育と，高度の専門・職業教育を行う大学の，二極から発達した。この両者を統合したのが，19世紀ヨーロッパに始まる「国民教育」の制度である。それによって，小学校から中学校，高校，大学に至る学校の階梯が生まれ，入学年齢や修了年限が決められていっ

た。それによって学校という制度がより効率化したのであった。

　しかし制度が問題を抱えていることも事実である。日本ではまだ近代化が始まったばかりの明治時代初期に「義務教育」を施行した。それが日本のその後の発展に大きな役割を果たしたといわれる。しかしそれには教育が強制される，という側面があることも事実である。不登校の子供をこの制度の中でどのように位置づけるかが議論になる。また高校までの教育と，大学教育との間を接続する大学入試のあり方も問題となってきた。

　第二の論点は，学校制度をどのように**運営**するか，という点である。国民教育の発展には，国家・政府が主導的な役割を果たしてきた。それは学校制度が社会全体の発展に不可欠である点からも当然であろう。しかし他方で，個々の子供の教育に最も関心をもつのは家庭であり，また個々の学校に最も身近に接しているのは地域社会である。学校の運営に，政府と家庭・地域社会がどのような役割を果たすかが問われる。

　また日本では特に大学，高校段階では，私立学校が大きな役割を果たしてきた。その背景には歴史的な経緯や，政府の財政的な制約がある。私立学校の特質を活かしながら，政府がどのようにその活動を支えていくかも，重要な課題である。

　第三の論点は，学校という**場の変化**である。教育への要求は，子供や若者だけでなく，成人に広がった。文化的な関心からだけでなく，職業生活で必要となる知識・技能を身につける「継続教育」が社会的課題となっている。今一つ教育の場のあり方を変えようとしているのは，情報通信技術（ICT）の発展である。遠隔教育を行う放送大学はそれを象徴しているが，2020年からのコロナ禍では伝統型の大学でも大幅に遠隔授業を行い，その役割が評価されてきた。

　以上の論点についてはさらに，本書第6章「学校教育と教育行政」，

第 3 章「大人が学ぶ理由：生涯学習」，第 4 章「情報化社会と大学教育」，『情報化社会におけるメディア教育』（苑他，2024）などを参照していただきたい。

（3）教育の現実をどう見るか

　以上の二つの問いは，教育のあるべき姿，その実現の方法に関わっていた。しかし実際には教育は，社会や経済の中で動き，様々な矛盾を抱え込んでいる。それを直視するために，三つの視点が設定されてきた。

　第一は**教育の現実**，という視点である。19 世紀末・20 世紀初めの社会学者デュルケムは「社会的な事実」としての教育を研究することを唱えた。その後に発展したのが「教育社会学」という研究分野である。こうした視点からは様々な具体的問題が浮かびあがる。日本における「学歴社会」「受験競争」などがその例である。経済的な視点から教育を分析することも重要である。また現代教育の重要な変化は，高等教育の拡大である。それは従来の教育学の対象ではなかったが，今は高等教育が大きな研究分野となっている。

　第二は**歴史**の視点である。現実の問題を考えるほど，そこには過去からの歴史的経緯がおりこまれていることが分かってくる。現在の教育のあり方，その問題点は，単純に説明できない，重層的な構造をもっているのである。しかし教育が実際にどのように行われ，変化してきたかは明確に記録されてきたわけではない。現代の関心から，過去の教育のあり方を分析し，理解することをテーマとするのが「教育史」という研究分野である。

　第三は**国際**的な視点である。国民教育としての日本の教育制度は表面的に見れば，世界各国と大きく異なるものではない。しかし仔細に見れば制度的な違いはあるし，あるいは教室での教え方にも，各国の文化や

風土を反映した相違は少なくない。それが固有の教育問題をもたらし，それに対する対策を生じさせている。それを日本と比較することは，日本での問題を分析し，改革の方向を見出す手段となる。また国際化の潮流の中で，国際的な視野を子供たちに育てることは不可欠であるし，また実際に留学生の交流も拡大してきた。そうした視点から日本の教育を見直す研究が「比較教育学」という分野である。

　以上で述べた教育社会学については本書第2章「教育社会学」，高等教育および教育史については第5章「高等教育研究」でさらに議論されている。

（苑　復傑）

2．心理学

（1）心理学とその領域

　心理学とは，科学的な手法に基づいて，人間全般の心や行動の原理を見出そうとする学問である。こうした科学的側面を強調して，「心の科学」とか「行動の科学」と呼ばれることもある。通常，「Aという条件のもとでは，Bという反応が生じやすい」といった仮説を立て，その仮説が正しいかどうかを検証するという手続きを取る。

　研究方法としては，実験や観察，調査などの手法を用いる。具体的には，ある人々を対象に，特定の行動や態度，能力などを調べ，その全体的な傾向（平均値など）をグループ間や条件間で比較することにより，原理や法則性を導き出すことが多い。この場合，データを数量化し，統計的分析にかける量的アプローチが用いられる。一方，実践との結びつきの強い臨床心理学では，少数の事例を対象に，経過や介入の効果を詳しく記述，分析する事例研究がしばしば用いられる。

　19世紀末に，人間の行動を実験により明らかにしようとする心理学

が誕生して以来，さまざまな下位分野が発展してきた。本書では，臨床心理学を除くと，第7章で認知心理学，第8章で教育心理学，第9章で社会心理学，第10章で発達心理学を取り上げたが，それぞれ限定されたテーマを扱っており，分野全体をカバーするものではない。また，心理学には他にも多くの下位分野がある。例えば，感覚や知覚，錯覚などを扱う知覚心理学，個人差を扱うパーソナリティ心理学，脳と心の関係を探る神経・生理心理学，動物と人間を比較する比較心理学，職場や組織における行動を探る産業・組織心理学，文化的文脈の影響を明らかにする文化心理学，物的環境や自然環境との関係について検討する環境心理学などである。関心をもたれた方は，それぞれの専門書を紐解いていただきたい。

（2）課題と展望

　伝統的な心理学においては，実証性を重んじ，標準化された検査や尺度を用いてデータを集め，統計的な解析を行い，人間行動の一般原則を見出すことを目標にしてきた。しかし，ややもすると人間を機械のように捉え，「○○をすれば，××になる」といった細分化された法則を生み出すことに終始し，現実の複雑な文脈の中に生きる人間，能動的に意味を紡ぎ出す存在としての人間を捉え切れていないと批判されるようになった。

　20世紀の終わり近くになって，人類学におけるエスノグラフィや社会学におけるエスノメソドロジーなどの影響を受けつつ，意味を求める存在としての人間を探究する質的・解釈学的なアプローチが台頭してきた。その一つであるナラティブ・アプローチでは，自己や人生について語られた物語（ナラティブ）を分析することにより，個人が日常の経験をどのように組織化し，意味づけているかを明らかにしようとする。

　物語の重要性にいち早く注目した心理学者はブルーナー（Bruner, 1990）である。人の認識を論理－科学モードと物語モードに分け，前者が因果関係や真実を探求する上で，後者が自他の行為や人生の意味を理解する上で，それぞれ重要な役割を果たしていると指摘した。論理－科学モードでは論理的一貫性や客観的真実が重視されるが，物語モードでは真実かどうかよりも，もっともらしさ（納得できるかどうか）が問われる。物語モードは日常的な認識に使われるが，とりわけつらい出来事に出会ったときに有用とされる。例えば，事故や病気，災害，親しい人との別れなどを経験したとき，人は「なぜ自分がこのような目に遭うのか」と問い，自他ともに納得できる物語を探し求める。

　現在，ナラティブ・アプローチは，心理学のみならず，社会学や教育学，医学や看護学などの研究や実践に使われるようになってきている。数量化されないデータから一定の知見を導き出し，仮説の生成や検証を行っていくためには，研究者の主観（思い込み）をできるだけ排していくことが求められる。具体的には，研究対象者や他の研究者など複数の人で，結果の整理や解釈の仕方について検討し，分析の精度を高めていく必要がある。インタビューや行動観察などの質的データをカテゴリー化する手法としてはKJ法が，質的データから理論を導く手法としてはグラウンデッド・セオリー法がよく用いられている（Corbin & Strauss, 2008）。

（3）心理学を活かす

　心理学を活かせる現場として最もよく知られているのは，カウンセラーやセラピストなど，心の問題を抱えた人を対象に相談や治療を行う仕事であろう。しかし，それ以外にもさまざまな分野で心理学は活かされている。例えば，保育や教育，看護や介護といった対人援助の仕事，

企業におけるマーケティング調査や販売促進活動，採用や配属などの人事管理，食品や物品の官能検査，住環境や職場環境のデザイン，交通事故やヒューマンエラーを防ぐための研究，警察における犯罪捜査や加害者の更生，スポーツ選手のメンタルトレーニングなどである。これらの仕事すべてが，心理学を専攻した人によってなされているわけではないが，心理学的な知見が活用されていることが多い。

　心理学的な知見を仕事や実生活に活かしていくには，心理学そのものをよく知ることが必要であろう。さまざまな研究成果だけではなく，研究がどのようになされ（誰を対象に，どのようにしてデータを集めたのか），どのような根拠をもって主張しているのか（データをどう分析し，結果をどう解釈しているのか）を知ることは，研究を見る目を肥やし，科学的リテラシーを高める一方，俗説にふりまわされることを防いでくれるのではないかと思われる。

　心理学の分野を一通り学ぶにあたっては，公益財団法人日本心理学会が出している「認定心理士」の基準が参考になる（https://psych.or.jp/qualification/standard_new/）。大きく分けると，「心理学概論」「心理学研究法」「心理学実験実習」といった基礎科目と，「知覚心理学・学習心理学」「生理心理学・比較心理学」「教育心理学・発達心理学」「臨床心理学・人格心理学」「社会心理学・産業心理学」などの専門科目があり，全部で 36 単位以上取ることが求められる。認定心理士は，心理学の基礎的な知識や技術を身につけていることを認定する資格であり，臨床心理士や公認心理師のように，心理の専門職に就くことを保証するものではない。しかし，ここで示されている基準に従って勉強を進めていくと，心理学を偏りなく，体系立てて学ぶことができると思われる。

（向田久美子）

3. 臨床心理学

（1）臨床とは

「臨床」という言葉は，心理学だけでなく，さまざまなところで使われている。たとえば，「臨床医」「臨床検査技師」「臨床工学技士」など，医療分野が多く，対象者に直接関わる職業である。

「臨」という字は，「臥」+「品」の会意文字である。会意文字とは，2文字以上の漢字の形・意味を組み合わせて作られた漢字のことである。

「臥」は，病気になってたおれる，横に寝かせる，眠り，憩い，寝る場所（臥所）という意味があり，「下を向く目」の象形と「横から見た人」の形から成る。「臣」には，人の意がある。また，「品」の字には，「とりどりの個性を持つ品」の意があり，その意味には，ものとしての品物，種類，物の区別や等級，人柄や人格，品定めなどがある。

「床」は，「牀」の略字で，「广（爿）」+「木」の会意兼形成文字で，「屋根」の象形と「寝台を立てて横から見た象形と大地を覆う木」の象形（「ねだい」の意味）から，「ねだい」を意味する「床」という漢字が成り立ったと言われている。形声文字とは，意味を表す文字（漢字）と音（読み）を表す文字（漢字）を組み合わせてできた漢字のことを指し，会意兼形成文字とは，会意文字でもあり，形声文字でもある漢字のことを指す。

総じて，「臨床」を文字の成り立ちから説明すると，「床に伏した（病んだ）とりどりの個性を持つものを，しっかりと見開いた眼でのぞき込む（人）」という意味になろう（図 1-1）。

図1-1　「臨床」の成り立ち　（https://okjiten.jp/index.html より）

（2）臨床心理学とは

　「臨床心理学」は，face to face を基本として，直接，人の心理に向き合う学である。臨床心理学は，実践の学として，「生きる意味」や「生まれてきた価値」に焦点を当て，「どう生きているのか」「どんな気持ちなのか」といった実存に着目していく必要がある。先人の築いてきた理論や技法を学びながら，問題を抱えるクライエント（事例集等を含む）から学ぶ姿勢も忘れてはならない。

　臨床心理学も大別すると，医師の世界同様，臨床現場でクライエントと向き合う「臨床家」と，人の心の幅広い諸相や技法を追究する「研究者」がおり，どちらかを選ぶ道もあるが，何らかの形で両輪を歩むことがほとんどである。クライエントと向き合う「臨床家」には，主として「臨床心理士」「公認心理師」がいる。詳細は第15章で取り上げるので，ここでは，臨床心理士について簡単に説明する。

（3）臨床心理士とは

　臨床心理士は，臨床心理学など心理学の知識や諸技法を生かし，心理的課題を抱える方に専門的に援助する，（財）日本臨床心理士資格認定協会の認定を受けている心理専門職である。

　1988年12月に第1号の臨床心理士が誕生以来，2022年時点で，40,749名の臨床心理士が認定されている。臨床心理士には一定の研修を条件に5年ごとに資格を更新する義務がある。以下，一般社団法人日本臨床心理士会ホームページより，抜粋を記す。

　臨床心理士の専門的技術は，心理アセスメント・心理面接・臨床心理的地域援助・研究活動の4つに分類される。心理アセスメントとは，問題の状況や課題などを面接や心理検査などによって明らかにし，自己理解や支援に役立てることである。心理面接とは，相談に来られる方々の課題に応じてさまざまな臨床心理学的方法を用いて，心理的な問題の克服や困難の軽減に向けて支援することである。たとえば，心理カウンセリング・遊戯療法・箱庭療法・芸術療法・夢分析・認知行動療法・精神分析・来談者中心療法・行動療法・家族療法・動作法・集団療法などがある。臨床心理的地域援助とは，悩みの解決のために，個人のみならずその人を囲む環境へ働きかけ情報整理や関係調整を行ったり，他の専門機関と連携することである。研究活動とは，臨床心理学の知見を確実なものにし，研究活動を行う。これら4つをバランスよく行うことが求められている。

（4）課題と展望

　本科目では，第11章から第15章において，本学の臨床心理学領域と公認心理師教育推進室の専任教員7名（2023年2月現在）の専門分野を中心に概説する。臨床心理学の領域幅は広大で，本科目の紹介は，氷山の一角に過ぎない。臨床心理学の諸領域の代表格は「教育」「医療」「福祉」「司法」「産業」であるが，さまざまな分野との接点もあり，無限にあるともいえる。特徴として，人間理解（特に心の健康な部分から「やみ（闇・病）」の部分）に重きを置き，クライエント（心に問題を抱え

る者）の援助「対人援助」を研究対象とし，実務に生かしていくものである。同じ「臨床心理学」といっても，細分化（専門分化）された互いの領域は，文字情報としての知識は持ち得ても，実際に実務に当たるとなると，話が異なってくる。たとえば，脳外科医と外科医との関係～小児科と獣医との関係差ほどに値することがある。心理臨床家においては，医療施設の看板ほど詳細を掲げられるものでもなく，「カウンセリング」「心理療法」として，ひとくくりに表記されることがほとんどで，クライエントの欲する問題解決法を，セラピスト・カウンセラーが，すべてを持ち得て提供できるとは限らない。クライエント自身，自分の問題解決に対し，どのような療法を受けたらよいのかわかっているわけではなく，活字的情報から得た，たまたまの知識を信じ，セラピストの専門性をわからずに門をたたく可能性も高い。あたりをつけたところが，偶然ぴったり合うこともあるが，全く想像と異なった条件に遭遇することも少なくない。

　このような状況を打開するためには，援助者自身の自己研鑽と，同業者同士との情報交換，よりふさわしい専門家へ紹介できる関係性を築いておくこと，さらに，多職種との相互理解と連携・協働関係を築き，1人のクライエントを多角度から総合的に支援していく連携があげられる。このためには，セラピスト自身の社会性・コミュニケーション力も必要となる。

　そして，何よりも，目前のクライエント・対象者より謙虚に学ぶ姿勢を忘れてはならない。臨床心理学においては，一生学び続け，対象者のために自身の臨床力を磨き続け，なおかつ，謙虚に生きる姿勢が求められる。

（5）臨床心理学を学ぼうとする方々へ

　まず，おすすめしたいことは，最初からこの領域にこだわるのではなく，心理と教育コースで開講されている幅広い科目，そして，心理学というものを広く学んでいただきたい。また，心理と教育コースばかりでなく，他のコースに開講されている科目も，興味をもたれたら自由に受講されることをおすすめしたいと思う。

　臨床心理学は，ありとあらゆる分野とつながりがある分野といもいえる。実践でも研究でも，対象は生きた人間であり，十人十色，百人百様であるため，柔軟な思考が必要となる。木を見て森を見ず，森を見て木を見ず，ではなく，木も森も見る姿勢で臨んでいただければ幸いである。

（佐藤仁美）

学習課題

1. あなたが興味関心のある問題を取り上げ，教育学，心理学，臨床心理学のどの研究領域の，どのような研究テーマに関わりがあるのか，その理由を含めて，説明してください。
2. 教育学，心理学，臨床心理学の研究上の接点について，あなたの考え方をまとめてください。

引用文献

Bruner, J. S.（1990）. *Acts of Meaning*. Cambridge, MA: Harvard University Press.（ブルーナー，J. 岡本夏木・仲渡一美・吉村啓子（訳）（2016）. 意味の復権——フォークサイコロジーに向けて〔新装版〕 ミネルヴァ書房）

Corbin, J., & Strauss, A.（2008）. *Basics of Qualitative Research: Techniques and Procedures for Developing Grounded Theory*（*3rd ed.*）. Thousand Oaks, CA:

Sage Publications.（コービン，J.，ストラウス，A. 操華子・森岡崇（訳）（2012）. 質的研究の基礎−グラウンデッド・セオリー開発の技法と手順〔第 3 版〕医学書院）

http://www.jsccp.jp/person/support.php（一般社団法人　日本臨床心理士会ホームページ　2023 年 1 月 21 日 access）

https://okjiten.jp/index.html　（漢字 / 漢和 / 語源辞典　2023 年 1 月 21 日 access）

参考文献

天野郁夫・藤田英典・苅谷剛彦『教育社会学』　放送大学教育振興会，1998

今井康雄『教育思想史』　有斐閣アルマ，2009

苑復傑・中川一史『情報化社会におけるメディア教育』　放送大学教育振興会，2024

金子元久『大学の教育力−何を教え，学ぶか』　ちくま新書，2008

佐藤学『教育の方法』（放送大学叢書 0 I I）　左右社，2021

田中統治・向田久美子・佐藤仁美『心理と教育へのいざない』　放送大学教育振興会，2018

中内敏夫『教育学概論』第 2 版　有斐閣，1982

森津太子・向田久美子『心理学概論』　放送大学教育振興会，2018

エミール・デュルケム著・古川敦訳『教育と社会学』　丸善プラネット，2022

ジョン・デューイ著・市村尚久訳『経験と教育』　講談社，2013

ルソー著・今野一雄訳『エミール』上中下　岩波書店，2012

2 | 教育社会学

岩永雅也

《**学習のポイント**》 教育社会学という学問分野の名を目にするあるいは耳に
する機会は，日常的にそれほど多くないかもしれない。ここでは，そんな教
育社会学について，それがどのように成立し，何を明らかにすることを目的
として，どんな研究対象にどうアプローチするのかを概観していく。さらに，
教育事象を実証的に捉えてその背景を科学的に探究することの意味について
考え，教育社会学の学問としての魅力はどこにあるのか，近年の研究テーマ
にはどのような特徴があるのかについても具体的に見ていく。
《**キーワード**》 社会学，社会事象，社会化，ミクロな事象，マクロな事象，
実証主義，量的分析，質的分析

1. 教育社会学のまなざし

　まず，教育社会学がどんな視点に立って，何をテーマあるいは対象と
し，どのような方法を用いて研究に取り組む学問分野なのかといった基
本的な事柄について理解することから始めよう。

（1）学問としての成立

　教育社会学は20世紀初頭に欧米で誕生した比較的新しい学問分野で
ある。最初にその名称（educational sociology）が登場したのは1907年
である。後にアメリカ太平洋岸のワシントン大学学長を務めることにな
るコロンビア大学のスザロ（Henry Suzzallo）がはじめて講義名に用い
た概念だとされる[注1]。それから15年後，フランスの社会学者デュルケ

ム（Émile Durkheim）もさらに精緻な教育社会学の講義をパリ・ソル
ボンヌ大学で行っている^{注2)}。そうした黎明期の出来事からもわかるよ
うに，教育社会学は歴史がようやく100〜120年ほどの若い学問分野で
ある。初期の教育社会学は，教員養成の一環として，教育を社会という
視点を通して論ずるという性格の強いものだったようである。前出のス
ザロのように教育学者が社会学理論を応用しつつ教育を論じる場合もあ
れば，デュルケムのように社会学者がたまたま教員養成のコースを担当
したことから教育社会学の分野での講義を行った場合もあり，定まった
体系性はなかったと考えられる。

　そうした経緯からもわかるように，教育社会学は，社会学の一分野で
ありまた教育学の一分野でもある。つまり，社会学としても，また教育
学としてもともに複合的な分野に属するということである。社会学とし
ては，家族社会学，農村社会学などと同様の特殊社会学という位置付け
がなされている。家族を対象とする家族社会学，農業社会を対象とする
農村社会学などと同じように，教育事象を対象とする社会学ということ
になる。一方，教育学としては，教育心理学，教育方法学などと並ぶ教
育科学として成立している。教育の場における学びの心理を研究する科
学，教育方法に関する科学などと同様に，教育における社会関係，つま
り人（人々）と人（人々）とが教育を介して取り結ぶ関係性やそれらの
機能を研究する科学だということになる。

　一見，どちらでも実際の研究や分析に際しては何の違いもないように
思えるかもしれない。しかし，前者のような規定をすれば，教育という
事象は広く捉えながら研究の方法は社会学的に行うということになる
し，後者のような立場では，方法的には比較的自由でありながら領域や
対象を教育の場（学校またはそれに準ずる場）に限定することが多くな
る。複合的な学問分野であるということは，そうした異なった視点をと

もに有しているという多面性にもつながっているのである。実際，後段でも見るように，教育社会学における研究の対象と方法の広がりは，他の学問分野に比しても著しく大きい。

　学問としての成立の背景に関わるそうした事情が，教育と社会の双方に関係する領域やテーマであればすべて教育社会学の範疇に含みうるという初期の状況を生んだと考えてよい。そうした状況は，教育社会学が独立した学問分野として独自の歩みを始めてからそれほど時間が経っていないこともあって，現在でもなお続いている。

（2）日本における教育社会学

　教育社会学の日本への明確な形での導入は，第二次大戦後のことである。皇国教育の解体を企図した GHQ の方針により，日本の教育民主化の一環として一部の大学に「教育社会学講座」が設置され，教員養成カリキュラムの中にも教育社会学が科目として組み入れられた。教育社会学は，硬直した倫理観（皇国思想）を根底に置く教育から科学的で客観的な知見に基礎を置く教育への転換の象徴としても重要視されたのである。

　しかし，その導入が，教育システムと学問自体の成熟にともなうカリキュラム化ではなく，制度・政策が先行した形であったため，教育社会学の定義や学問的性格をめぐっては，当然のことながらさまざまな議論がなされた。教育社会学とは何かの問いに，たとえば，「社会学を父として，教育学を母として生まれた」学問分野[注3]である，あるいは「上半身は教育であり，下半身は社会学である」[注4]などという表現が試みられた。前者は教育社会学の出自（学問分野として生まれた経緯）に注目し，後者は研究の対象と方法に関わって示された指摘である。ただ，どのように定義付けされようとも，教育社会学が教育の領域にある事

象，つまり教育事象を社会事象として客観的に捉え，その背景，要因と
意味を科学的な分析によって理解するという基本姿勢は，その後のあら
ゆる教育社会学の研究に共通していたことは間違いのないところであ
る。人間社会で生じているすべての事柄は，必ず現実の世界に原因を持
ち，またその結果も現実世界の中に現れる。教育も例外ではない。教育
だけが聖域にあるわけではなく，教育も他のすべての事象と同様，全体
社会という大きなシステムの中の一部分に過ぎないのである。教育事象
を社会事象と捉え，社会との関わりにおいて理解し社会の視点から分析
する根拠がそこにこそあるといってよい。

2. 実証科学としての教育社会学

（1） 教育社会学の対象

　教育社会学が研究対象とする教育事象は多岐にわたっているが，大き
く見るならば，それらをミクロな事象とマクロな事象とに二分すること
ができよう。前者は基本的に個々人の社会化に関わる事象であり，子ど
もの自我形成，学級内部での児童・生徒の社会化過程，仲間集団の社会
化機能などを例として挙げることができる。それに対して，後者は全体
社会や大規模集団の組織的，制度的な教育に関わる事象である。その例
としては，産業化の進展による教育水準の高度化，学歴と階層移動，高
等教育の社会的機能などが挙げられるだろう。ミクロな事象とマクロな
事象とは，ただ単にそれに関わる人的規模（人数）が異なるというだけ
ではなく，基本的な視点やアプローチの仕方も異なっている。すなわち，
前者に対しては，個人の社会化（socialization）という視点から，その
個人と他者（母親，教師，友人など）とからなる一対の二者関係の理解
を基礎として，次第に大きく複雑な集団へと組み上げていくというアプ
ローチをとる。社会化とは，ある社会に適合した知識や価値観，行動様

式，あるいは規範などを，その社会の構成員との相互行為を通じて人々が身に付ける（あるいは他者が身に付けさせる）過程を指し，教育社会学全般を通じての最も重要な基本概念の一つである[注5]。他方，後者（マクロな事象）に対しては，構造と機能の量的把握という視点から，集団に現れた教育事象のある側面を変数化し，それを集団間で比較考量することで，それらの関係性や事象そのものの変動とその意味を理解していくというアプローチがとられる。

（2）方法としての実証主義

　次に教育社会学の方法について見よう。実証主義，特に現代の社会科学の文脈で使われる実証主義とは，基本的に自然科学の基本的理念に則り，一般法則は客観的な観察と論理によってのみ正当化されるとする理念を指す。社会事象は宗教的価値観（神の啓示，教典等）や特定の個人・人々の独断あるいは選ばれた理性の意志といった超経験的な概念によってではなく，観察され認識される経験的事実と合理的論理によってのみ説明されるべきだ，という考え方である。このことは，教育社会学の対象である教育事象の理解と考察についても全く同様にあてはまる。

　私たちは日常的に教育事象を見聞している。それが単なる見聞にとどまらず，認識という段階にいたるためには，それらの事象に一定の言説を対置することが必要となる。言説とは，言葉を用いてある事象のありようを記述した文章（命題，言明）や概念のことである。たとえば，「教員が足りない」「中学生の自宅学習時間が増加している」「家庭教育の重要性が増している」というように，観察された教育的状況は言説に表すことができる。言説という表現を用いるならば，教育社会学における認識とはある教育事象に関して何らかの言説を導き出すことであると簡潔にいうこともできる。観察されたある教育事象に対して一つの言説が対

置されることによって，ひとまず教育事象の認識は完了する。

　ところで，自身の体験を振り返ればわかるように，そうした日常的な教育事象に対置される言説は，さしあたり印象的で個別的であり，多くの場合価値判断をともなっている。たとえば，自分の周囲の高校生を見て「最近の若い子たちはほとんど本を読まなくなった」と認識したとしよう。たしかに，そう認識した個人の範囲内である限り，この認識には十分意味がある。というのも，その言説を参照するのが常に自分自身であるために，「最近の若い子たち」という言葉の指す具体的な集団も，「本」が何を指し示しているかという語句の意味も，「ほとんど〜ない」という"程度"への判断の基準も，すべて自明であって疑う余地のないものだからである。しかし，この認識の結果を他の人々が用いるとしたらどうだろう。「最近の若い子」とはいつごろからの何歳くらいの子どもたちか，「本」が具体的に何を指すか，「読まなくなった」というのはいつのどんな基準と比較していえるのか……といった疑義が生じて，たちまちこの言説は曖昧で要領を得ないものになってしまう。もちろんこのような認識を実証的と呼ぶことはできない。

　実証的な認識の仕方とは，他者が疑義を差し挟む余地をできうる限り少なくした具体的な概念あるいは言説を，経験し観察された事象に対置することである。そのような言説や概念であれば，他者に対して自分の認識の結果を正確に伝えることができる（伝達可能性）。また，他者が同じ事象を別の環境で見た結果と比べてみることも容易である（比較可能性）。つまり実証的なものの見方とは，伝達可能性，比較可能性を十分に持った認識の方法のことだといえるのである。

（3）量的分析と質的分析
　教育社会学の現実の把握法は，大きく分けて量的な方法と質的な方法

に分けられる。前者の量的分析は，教育事象を専ら数量的な指標によっ
て理解しようという研究手法である。通常，社会事象をできるだけ細か
な要素に分け，それらを変数と考えて組み合わせたり統計的処理をした
りすることによってそれら変数間の関連を見いだす，というのが一般的
な手順である。統計分析を有意にするためには，観察される標本（サン
プル）の規模を十分に大きくすることが必要である。

　一方，質的分析は，教育事象をその周辺部分も含めてできるだけ総合
的に捉え，その意味を記述的に把握しようという研究方法である。その
ためには，観察，聞き取り（インタビュー）等のフィールドワーク，あ
るいはドキュメントやテキストの内容分析などの手法が用いられる。量
的な分析法と異なり，質的分析には教育に関して社会と人間を洞察的に
理解する感性，追体験の能力が必要とされる。また，１ケースごとに数
値化されない非常に多くの情報が得られるため，対象となるケース数は
必然的に少なくなる。

　このようにして教育社会学が量的，質的に認識していくのは，多様な
側面を持つ人間の関係性の集積としての教育事象である。それらを理解
する方法は多様であるが，基本的な考え方は現実を無限定的に先入観な
くありのままに見るということであり，それを通じて，教育における人
と人との関係性を理解することだといってよいだろう。教育領域，とり
わけ子どもたちと学校をめぐって見られるさまざまな事象（学力の低下
や回復，不登校の増加，学級崩壊など）を，表面的な事象（カリキュラ
ムや教材の変化，教育理念の変動など）だけから説明するのではなく，
教師と児童生徒との相互作用や学級文化，潜在的（かくされた）カリ
キュラムといった側面を併せて検討していくというのも，典型的な教育
の社会学的方法だといえる。肝心なのは，そこに人々の相互の関係性が
常に意識されているということ，つまり教育事象を社会事象として見る

視点を忘れないことである。

3. 教育社会学のテーマと問題意識

　ここからは，これまでの教育社会学分野における代表的かつ典型的な
研究課題，分析のテーマを，概略的に紹介していこうと思う。

（1）家族と社会化

①近年の家族の変質と子どもの社会化不全
②家族内の言語・コミュニケーションのタイプと子どもの発達
③子どもの自己肯定感の形成における家族の役割

　生物としてのヒトは一つの家族の中にほぼ白紙の状態で生まれてくる
が，生まれつき生存のための一連のプログラムを脳内，体内に持たない
ため，後天的に重要な他者（母親や家族）との相互関係（コミュニケー
ション）を通じてはじめて社会的存在となり，「人間」となることがで
きる。そうした社会的環境への適応こそ社会化であり，人間の発達の中
心的課題である。社会化は，社会の側からすれば，人々をその社会に適
合する行動様式や意識を持った構成員につくりあげる過程であり，個人
の側から見れば，人々がその社会に適合する知識やスキル，行動様式，
役割などを内面化する過程である。社会化の初期には，家族など重要な
他者の行為やコミュニケーションタイプの模倣がその主な要素となる。

　そうした重要な役割を担ってきた家族は，今日，構造的にも機能的に
も急速に変質しつつある。そうした家族機能の変化が，従来の家族が
持っていた子どもに対する社会化力を低下させる要因となっていること
も十分考えられる。しかし，だからといって家族の役割が消滅すること
は決してない。子どもの自己愛や自己肯定感あるいは行動パターンの基
礎は家族によって形作られる。その意味で，家族は現在も最も基本的な

子どもの社会化の場である。教育社会学における家族の社会化機能に関する諸研究の成果は，子どもの自我形成に関わる家族の役割を考えていく上での有用な素材を提供し続けている。

（2）子ども集団と地域社会
①地域における生活空間の変化とピア（子ども集団）の機能変化
②幼稚園児と保育園児に見るピア（子ども集団）の差異
③地域における子どもの居場所の有無と遊びの形態との関わり

　家族の中で社会化された子どもたちは，やがて，ともに遊ぶことを目的とした地域の仲間集団であるピア（子ども集団）に参加（デビュー）することになる。そこでは，相互に一定の機能的なルールをともなった役割を演じ合う，かくれんぼや鬼ごっこ，ドッジボール，野球，サッカーなどの「ゲーム」が遊びの主流となっていく。しかし，現在の地域社会は，大きく変質している。都市化と都市機能の高度化が進む中で，子どもたちの遊び場自体が決定的に減少している。また，住居のあり方の変化も大きな影響を及ぼしている。多くの場合，学校や幼稚園などを介した集団化の開始まで，地域でのピアの形成力はほとんど機能しない。そのことが基本的な集団内の連帯意識形成の機会を子どもたちから奪っているとしたら，問題は深刻であり，その現状分析と要因分析は研究に値する重要な今日的課題と言える。

（3）学校教育の諸課題
①就学前教育と「小1ショック」の程度との関係
②「力のある学校」における指導の特性
③学級崩壊の要因分析
　今日の学校では，過剰な統制や逆に統合性の喪失といったさまざまな

問題が深刻化している。幼児・初等教育段階では，家族の多様な価値が社会的に是認されるようになったことにより，学校の内部に多元的な価値が持ち込まれるようになり，その結果，従来の統合的社会化と家族の価値との間での矛盾，葛藤（たとえば，家族旅行のための欠席や給食の好き嫌いをめぐる教師と親の意見の食い違いなど）が増えている。社会の変化とともに学校と家族の望ましい関係も当然変化するが，教師と保護者との関わり，学校と家庭の役割分担のあり方なども有力な研究テーマとなる。

　加えて，学校教育は本来的に学力問題と密接に関わっている。これまでの学力テストでは測れないとされる新しい学力（いわゆる「生きる力」「人間力」など）というコンセプトも主張されている。さらには，学力問題だけではなく，不登校やいじめといった生活指導の問題も関心を集めている。そのような問題の要因としては，教師のあり方が最も注目される。教師がその指導能力を十分に発揮できるような雇用環境，勤務環境にあるかということも考えていくべきであり，教師の職務や能力開発，雇用に関する客観的で実際的な調査研究が必要とされるが，それもまた教育社会学に与えられたテーマの一つである。

（4）階層と学力
①階層による学力格差の実態把握
②学力を決定する要因の分析
③初等教育・中等教育における成績と進路分化

　学校教育は，子どもたちを社会化するだけでなく，彼らの達成の度合いによる選別と職業的階層社会への配分も主要な機能として持っている。教育社会学は，その成立の初期の段階から学校の人材配分機能の実態把握を主要なテーマの一つとし，近代社会が家柄や身分等の属性原理

を廃し，学歴を指標とした業績原理を採用することで，学校教育を産業
社会における人材の養成と配分の最も有力なファクターに位置付けてき
た。たしかに，大量生産大量消費の産業社会にあっては，そうした「学
校教育は職能を形成する上で重要かつ適切な役割を果たす」という言説
が概ね妥当であった。しかし，日本社会の脱産業化，情報化が進むにし
たがって，状況に大きな変化が生じ始めた。学校教育の内容と職能との
ミスマッチが顕在化してきたのである。もっとも，そのことは経済が好
調な間はほとんど問題にならなかった。経済成長がそのズレを吸収して
しまっていたからである。しかし，1990年代に入って景気の長い退潮
期を迎え，雇用市場が著しく冷え込むと，若年雇用を中心に状況は一気
に暗転し，いわゆるニートやフリーターに関わる問題が表面化してき
た。その後，現在にいたるまで，学校で身に付けられる学力とは何か，
それはどのようにして身に付けられるか，学力は就労後の生産性を的確
に表す指標か，そもそも学力格差はなぜ生じるのか，といった研究課題
が多くの研究者によって取り上げられるようになっている。

（5）児童生徒の問題行動（逸脱）

①中学校における校内暴力の量的推移

②不登校およびいじめの増加とその背景

③高等学校中途退学の要因分析

　学校教育には，ある意味で現実社会の縮図ともいえるほどさまざまな
形の問題状況あるいは逸脱現象とその萌芽が見られる。生徒指導の対象
となるような事案は，全国の学校現場で半ば日常的に生じている。校内
での暴力行為，授業妨害，不登校，中途退学等々，枚挙に暇がない。そ
れらはすでに1980年代以降，さまざまな形で取り上げられ，問題視さ
れてきた。その背景には，子ども自体の変化，家族の意識変化，組織と

しての学校の問題，教師の問題等，さまざまな要因のあることが指摘されている。しかし，そうした問題現象を教育の病理（病気）として捉えるのではなく，学校に本来的に内在する要因によって不可避的に生じる現代の学校特有の臨床的状況であると考えたらどうだろう。これまでのような対症療法的な対応の限界性や学校システム自体のあり方も含め，そうした諸問題を根本的に考えていくことが求められているのである。

（6）高等教育問題

①大学教育の費用効果分析
②大学の社会的機能の再検討
③学生消費者主義の現状と課題

　高等教育は，産業や職業との距離が近いというその基本的な性格から，種々の学校教育段階の中で市場主義の影響を今日最も強く受けている。学生消費者主義の浸透はその象徴的なトレンドであるといえる。それも含め，ますます進展する大衆化と大学が本来的に守ってきたアカデミックな価値との相克をどう解決していくかが，高等教育が直面する現下の問題となっている。それは「真に大学的なもの」をどう守るべきかという問題でもある。大衆化した学生の年々変化する要請に柔軟に応えることのできない高等教育機関が，市場から好感を持たれないことは確かであるが，それへの解決策は消費者としての学生の要求を無制限に聞くことではないだろう。問題は，アカデミックな価値と大衆化の均衡点をどこに求めたらいいかということである。そうした課題に関しても，教育社会学の客観的な現状把握が期待される。学生に対する調査のデータや大学の運営・財政に関するデータなどの収集と分析の蓄積，つまりIR（Institutional Research）の活動そのものが，今後の高等教育機関の方向性を探る上での重要な原資となりうるのである。

（7）教育におけるメディア利用

①小学校の授業におけるメディア利用の効果測定

②メディアを用いたアクティブ・ラーニングの現状と課題

③メディア・リテラシーにおける階層格差

　今日，学校教育においては，文部科学省が打ち出したGIGAスクール構想（2019年）に見るように，ICTの利活用が積極的に進められている。今やタブレット端末のようなメディアは，学校教育にとっての必須アイテムの一つともなっている。「個別最適な学習」と「協働的な学習」を両立させていく上でも，メディアの利用は必須である。しかし，大きな問題もなお残存している。なかでも最も重大なものは，デジタル・デバイド（digital divide）に関わる諸問題である。未だ活字や放送媒体のようには万人に利用されるメディアとなっていないICTは，それを使いこなせる子どもたちとそうでない子どもたちの間に，情報への接近に関して決定的な差異を発生させる。その差異はそうしたデバイスに接近しやすいか否かという経済力の差でもあり，またメディア・リテラシーの差でもある。メディア・リテラシーの有無と多寡は，本人の努力だけでなく，性や年齢，所属する経済階層といった属性によっても大きく左右される。そしてそのことが新たな差別構造を生み出す要因ともなりうる。こうした問題を理解する上でも，教育社会学的な調査によるアプローチが非常に有効であるといえるだろう。

（8）生涯学習と新たな教育理念

①生涯学習の理念とその誕生の社会的背景

②生涯学習体系への移行の地域における実態

③社会人学習者の量的推移とその背景

　生涯学習社会は教育と学習に関する一つの理想像であり，あらゆるタ

イプの学習機会を統合し，有機的に結合することによってはじめてその
実現が可能となる。生涯学習に関する日本社会の状況は近年刻々と変化
しつつある。社会全体に見られる高齢社会化，少子化，余暇時間の増大，
日本的集団主義の変質といったトレンドを受け，成人教育や余暇学習，
教養学習といった固定的な見方から脱却しつつある。その動きを一言で
いうならば，「生涯学習における目的と方法の多様化とボーダレス化」
と表現することができる。生涯学習社会とは，学習の領域だけにとどま
らず，基本的にあらゆる意味でのボーダレス社会であり，多様な生き方
を広範に受容する社会であるともいえるのである。

　往々にして生涯学習社会は一つの理想郷として語られる。しかし，実
際には，学ぶことは無条件に素晴らしいことといったナイーブな議論で
は片付けることのできない問題点や課題がそこには山積している。たと
えば，社会の高齢化と学習期間の長期化により，社会の負担する経費が
量的に増大の一途をたどるという問題がある。かつては近隣での手習い
や書籍による通信教育程度だった学習が，高度化したメディアを利用す
ることによって高価な学習機会となったことも見逃せない。そのこと
は，生涯学習機会を利用できる階層とそうでない階層の分化という，生
涯学習をめぐっての階層格差の発生にもつながりうる。また，大学に代
表されるような伝統的教育機関と生涯学習機関との接合，あるいは分業
に関しても，その境界をどこに定めるか，あるいは共通の評価基準をど
う定めるかといった課題が手つかずで残っている。従来のように，大学
教育にいわばオブザーバー参加しているという生涯学習者の立場が見直
されていく以上，伝統的学生と生涯学習者の間に矛盾のない共通の基準
を設けることは急務である。

　教育社会学は，ただ単にユートピアとしての生涯学習社会を希求する
という立場からではなく，現行の生涯学習政策を批判し，少子高齢化と

低成長経済という背景のもとでのより有効で合理的な統合的教育システ
ムの構築を目指す立場から，ここでも精緻な現実把握に基づく背景の分
析と政策提言を求められているのである。

〉〉注
注1）田制佐重『教育的社会学』（1937年）による。
注2）デュルケム『教育と社会学』（原典は1922年刊，邦訳は佐々木交賢訳（1982年）
および古川敦訳（2022年））
注3）新堀通也「教育学と教育社会学」『教育社会学研究』第6集，1954，p.16
注4）馬場四郎『教育社会学』（1962年）誠文堂新光社，p.27
注5）言葉を換えれば，一人一人の個人の内面に周囲の社会を写し取り，「小さな社
会」を形成することだと考えられる。社会化は教育の上位にあり，教育は社会化の
一部である。デュルケムは「教育とは若い世代を組織的に社会化すること」である
と述べている（デュルケム『道徳教育論』（2010年）p.27）。

学習課題

1．社会人あるいは成人の社会化は可能か。可能だとするならば，それ
　はどんな場合，どのような人々に対して進められると考えられるか。
　具体的に考えてみよう。
2．メディア（新聞，TV，ネットニュース等）に取り上げられている教
　育事象や教育問題について，この章で学んだ実証主義的な考え方を基
　に，その内容や背景あるいは因果を自分なりに考察してみよう。

参考文献

酒井朗・多賀太・中村高康　編著『よくわかる教育社会学』（ミネルヴァ書房，2012 年）

新堀通也「教育学と教育社会学」『教育社会学研究』第 6 集（東洋館，1954 年）

田制佐重『教育的社会学』（モナス，1937 年）

É. デュルケム，佐々木交賢訳『教育と社会学』（誠信書房，1982 年）

É. デュルケム，古川敦訳『教育と社会学』（丸善プラネット，2022 年）

É. デュルケム，麻生誠・山村健訳『道徳教育論』（講談社学術文庫，2010 年）

日本教育社会学会編『教育社会学事典』（丸善出版，2018 年）

馬場四郎『教育社会学』（誠文堂新光社，1962 年）

A. H. ハルゼー他編，住田正樹・秋永雄一・吉本圭一編訳，『教育社会学－第三のソリューション－』（九州大学出版会，2005 年）

K. マンハイム他，末吉悌次・池田秀男訳『教育の社会学』（黎明書房，1964 年）

3 | 大人が学ぶ理由：生涯学習

岩崎久美子

《**学習のポイント**》 わたしたちは，学校や大学を卒業してからもなぜ学習しようとするのであろうか。大人になってからの学習の目的には，雇用の確保・維持のためのスキルの獲得，自らの人生を充実させ意味づけようとする個人的欲求，あるいは学習を通じた人とのつながりや信頼に伴うウェルビーイングの実現など，様々な側面がある。

　本章では，生涯学習の文脈に立脚し，学習についての人生上の意義や子供と異なる大人の学びの特質について，成人期の学習に関する理論に基づき概説する。

《**キーワード**》 アンドラゴジー，自己主導型学習，知識経済，ライフイベント，変容的学習，ナラティヴ学習

1. 大人の学習の特徴

　学習活動は変化する未来への対応であり，自分の成長に対する前向きな働きかけである。学習しようとする動機の根底には，自分の人生への潜在的期待があり，その期待の実現のために種々の学習がなされる。ここで言う学習とは，英国の成人学習の研究者ジャービス（Jarvis, P.）の言葉を借りれば，「日々の生活や意識された体験が凝縮したものであり，その経験が知識，技能，態度，価値や信条へと変容するプロセス」[注1]である。そして，その学習には，わたしたちが意識しないものも含まれる。例えば，学習した出来事をその場で列挙するよう言われると難しく感じるものである。その理由は，日常の中での学習は，偶発的で意識されず，計画性がないものも多いからである。学習とは生活そのものであ

り，わたしたちはみな，学習する社会的文脈の中で生きている。

　生涯学習や成人学習の研究とは，人生という長い期間を通じ日々の生活の中で生じる学習活動を広く射程に置く。生涯学習は，学校，家庭，職場，地域社会という様々な場で，また生涯にわたる人それぞれのニーズに応じて行われる学習活動に着目する。生涯学習という言葉は多義的で，様々な意味を持ち，広範な領域を包含する。その学習とは，個々の人生の軌跡に関わり，人生経験や現在直面する状況と密接な関係を持つものである。

　本章では，このような生涯学習という概念のうち，特に大人になってからの学習活動，つまり，「成人期の学習」に焦点をあて，主に成人教育学について取り上げる。そして，なぜ大人になってからも，人は学ぶのかという点についてともに考えてみたい。

（1）学習の個人的目的

　フール（Houle, C. O.）は，大人になってから学習している者の動機に関心を持ち，インタビューによって得た回答を次の三つに分類している。その三つとは，①何らかの目標に到達する手段として学習する「目標志向」，②活動自体のためや人との交流のため学習する「活動志向」，③知識自体を求める「学習志向」である[注2]。具体的に言えば，目標志向とは職能向上やキャリアアップを目指すこと，活動志向とは社会的刺激，新しい友人などの人との関わりあい，地域奉仕などの活動を求めること，そして，学習志向とは知的関心に基づき学習それ自体を望むことである。

　フールの三つの分類は独立したものではなく，場合によっては重複し，全てに該当する場合もあるとされる。また，人によってはこの三つの分類に当てはまらない場合もあるかもしれない。フールの分類は，あ

くまで，学習者によって意識化され，顕在化している学習動機の分類である。また，なぜ学習しようとするのかは，その者が生きている時代の社会的背景や個人的経験の影響を受ける。学習の動機は，人それぞれ様々で，個人のそれまでの人生の経験が色濃く影響する。自分が学習している理由は何であるかをあらためて自分に問いかけてみて欲しい。

（2）子供と大人の学習の相違

　学習の動機を考えるにあたり，子供の学習と大人の学習とは何が異なるのか，最初に整理しておこう。

　子供への教育は，将来，社会の良き構成員になってもらうために，先に生まれた世代が文化，価値，規範を伝達するために学校という場を介して行われる。このことは社会学の用語で「社会化」と呼ばれるものである。社会によるこのような子供への教育の要請は，義務教育という形で体系的に実施される。そのため，子供の学習の多くは受動的なものにならざるを得ない。

　一方，大人はどうであろうか。誰かから強制されて学習をしているだろうか。もちろん，職場などから研修にでること，資格を取得することを求められて学習する場合もあろう。しかし，多くは何らかの個人的動機や理由で，自ら学習を実践し，学習内容を決定しているのではないだろうか。

　成人学習の理論によれば，大人は自分の意志により，現実生活で生じた課題や問題への対処のため，即座に応用できる内容を求めて学習するとされる。例えば，成人の学習について基本的な仮説を提出した米国のノールズ（Knowles, M.）は，子供を指導する教授法「ペダゴジー」（pedagogy）に対して，大人の学習を支援する教授法「アンドラゴジー」（andragogy）を区分して論じる。それによれば，子供の学習は学校教

育という形態で教員中心に指導されるのに対し，大人の学習は個々の学習者の経験を学習資源とし，問題解決のための討論，事例学習，シミュレーションなどの方法によって，学習者間で対話的に行われる。そのため，子供と大人の学習の指導や支援の方法は自ずと異なる。もちろん，子供と大人の学習は連続しており，機械的に二分して考えることには異論もあろう。あくまで，アンドラゴジーは，成人の学習の理念型を提示していると考えると良いのではないだろうか。

（3）自発性による自律的な学習

　今まで述べたように，自発的に行われる学習活動こそが大人の学習の特徴といえる。わたしたちは，必要に応じて，本屋で書籍を購入し，図書館を利用して本を読み，ウェブで情報検索を行うなど様々なやり方で学習するであろう。学校教育とは異なり，大人の学習は，学習を自己管理することから始まる。このような自律的な学習活動では，学習活動参加への動機づけ，学習資源の活用方法，学習のスケジュール化，そして，自分の行った学習を振り返っての評価，といった自己調整が特に重要となる。

　自発的に行われる大人の学習は，成人学習論では，「自己主導型学習」（self-directed learning）という名で呼ばれる。自己主導型学習は，自ら主体的に自分の学習ニーズを診断し，学習目標に沿って学習を計画し，人的資源や物的資源を特定，適切な学習戦略を選択・実行し，学習成果を評価するといったプロセスである。そのプロセスにおける支援の有無は問わない。自己主導型学習のできる成人学習者は理想であり，目標とすべき姿と考えられている。

2. 学習を促す要因

　大人になってからの学習は，このように，自分自身の決定により自発的，自律的に行われる。それでは，このような自発的な学習を促す要因は何であろうか。ここでは，変化する職業形態に対応する，困難な経験から人生を学ぶ，キャリアを設計し人生を意味づける，の三つの観点に整理し，考えてみたい。

（1）変化する職業形態に対応する

　テクノロジーの進展は目覚ましく，様々な変化を職業形態にもたらす。大人の学習を促す要因の第一としては，このような変化する社会への適応ということがある。

　未来社会を予測した社会学者ベル（Bell, D.）は，高度産業社会を特徴づけるのは，諸々の事実・アイデアを組織的に記述し，合理的判断と実験によって確認した結果としての理論知であり，製造業からサービス経済への移行において，知識と技術こそが生産性を向上させ，経済を成長させる鍵であるとした。知識が生産性や経済成長の要因であるとする知識経済への変化は，わたしたちに，経済活動に関わる上で，新たな知識を常に更新することを求める。

　知識経済の状況を加速させた背景の一つには，情報通信技術の発展がある。ここ数十年の間に，携帯電話・PHS，スマートフォン，パソコン，タブレット型端末，ウェアラブル端末など，次々と新しいICT（情報通信技術）機器が普及した。今やあらゆるものがインターネットにつながれており，データや情報が行き交う社会にわたしたちは生活している。デジタル化された膨大な情報や知識を検索し，その真価を見極め活用することは，生活や仕事の前提となっている。今後，AI（人工知能），

メタバースなど，デジタル・ICT 化によるテクノロジーの進展により，コミュニケーションをめぐる社会基盤はさらに高度になり，それに応じて仕事の内容や職業自体も変化していくことであろう。具体的には次のような変化が想定される。

①社会構造の変化

　テクノロジーの進展により，社会構造が変化する。中央集権的で縦構造のものから，水平的で各所に結節点と言われる多くの中心を持つネットワーク型の構造となる。このことに伴い，コミュニケーションのあり方も異なるものになり，わたしたちの職業や生活は大きく変化することになる。

②職業内容の変化

　テクノロジーの進展により，職業内容が変化する。例えば，小売店や中間業者を介さず消費者が直接インターネットにより買い物が可能になることに伴い，伝統的産業が衰退し新しい職業が生じることになる。また，テクノロジー関連のソフトウェア開発者などのニーズも高くなる。このような中で，既存の職業から新しい職業に労働移動の必要性が生じ，新しいテクノロジーに関わる職業に焦点が置かれ，その適応のための学習が求められるようになる。

③職業スタイルの変化

　テクノロジーの進展により，働くスタイルが変化する。オフィスに全員が出勤し，そこでの対面の会話や会議によって意思決定がなされるやり方が変わり，電子メールによるやりとり，オンラインによるリモート会議，自宅勤務を可能とする職場も増える。

　このような変化によって，学校教育で学ぶ知識や技術は，時代の変化に伴って陳腐化するため，職業生活のみならず，生活において必要な情報を得るにはテクノロジーの進展に沿った様態での新たな知識獲得が求

48

められる。仕事の現場では，「自分は何を学ぶ必要があるかを見定め，
最適な学習内容や学習方法を考え，効率的に習得する力」といった「戦
略的学習力」，つまり，自らの意志で学習を計画，実施，評価することが，
変化する社会の中で生きていくための素養として重要ともいわれる。こ
のように，社会の変化は，望むと望まざるとにかかわらず，わたしたち
に学習活動を行わせる大きな理由となる。

（2）困難な経験から人生を学ぶ

　変化する社会への対応とともに，大人の学習を促す要因の第二とし
て，人生上の様々な出来事や経験との遭遇がある。そのような出来事や
経験のうち，特に心理的危機をもたらすような状況から立ち直ろうとす
るとき，人は人生を再生するために学習を行う。
　わたしたちは，生きている上で，様々な出来事に遭遇する。それは，
就職，結婚などの予期しうる出来事もあれば，自分や近親者の病気，リ
ストラ，交通事故など予期されない望ましくない出来事もあろう。転職，
転勤，昇進，出向，定年などの職業上の転機や，結婚，子供の誕生など
の家族の変化，病気，身近な人の死など，自分の身に起こるライフイベ
ントは，たとえ喜ばしいものであっても多かれ少なかれ精神的負荷を与
える。例えば，アスラニアン（Aslanian, C. B.）とブリッケル（Brickell,
H. M.）によるアメリカ人を対象にした調査によれば，調査対象者の約
8割が人生におけるライフイベントを乗り切るために何らかの学習を実
施していたことが明らかにされている[注3]。
　人生における経験，特に心理的危機をもたらす状況や困難に遭遇した
とき，人は自分と対峙し，あらためて自分が何者かを考える。それは，
これまでのものの見方や考え方が変わる経験である。このような状況に
おいてこそ，価値観が変わり，新たなものの見方がもたらされる。人生

で遭遇する様々な経験は，学習の契機をもたらすものであり，自分の人生を振り返り再考する機会といっても良い。

このような心理的危機を経て価値観が変わるプロセスを，成人学習の領域では学習と捉える。その理論の一つである「変容的学習」（transformative learning）では，直面する現実が厳しくつらいものであればあるほど，人は多くを学び，考え方が変化・発達するという。代表的研究者であるメジロー（Mezirow, J.）は，変容的学習を「学習は，未来への行動につなげるために，以前の解釈を利用しながら，自分の経験の意味についての新しい，あるいは修正した解釈を分析するプロセス」[注4] と定義する。

この変容的学習のプロセスを簡単に振り返ってみたい。

①経験

そのスタートは，深刻な病気や配偶者の死など，予期されない人生上の出来事の経験からである。このような不幸な出来事に直面した際，人は恐れ，怒り，罪悪感といった感情を伴い，自己を問い直し自己分析を行う。この分析によって，自分の認識，社会文化，心理的な前提を批判的に検討する。そして，共通の経験をしている他者と関わることで，自分とは異なる視点や解釈に多く触れることになる。

②批判的振り返り

その後，自分の新たな役割，関係性，可能な活動は何かを問う中で，自分の持っていた前提や思い込みを修正し，可能な選択肢から新たに方向づけられた活動を決定するようになる。この過程にあって，新しい知識や技能の習得が必要となり，それらの習得に伴い新たな役割や関係性の試行がなされる。

③発達

新たな役割や関係性の中で能力や自信が獲得されると，自分の人生に

新たなものの見方が統合される。

　このように，変容的学習のプロセスは，経験，批判的振り返り，発達に大きく三つに分類される。人生で生じる様々な経験が，年齢を重ねた後，「知恵」となりうるのは，人は，必ずしも望ましいとはいえない経験を学習資源として，批判的振り返りをし，人生で重要なものの見方を獲得し発達し，そして，そこで得た知恵を結晶化していくからなのかもしれない。

　人生の辛く悲しい出来事の遭遇から発達に至るとする変容的学習は，必ずしも平坦ではない人の人生の意味づけや解釈を可能にし，人生を考える新たな視点を提供する。人生で苦難を乗り越えた人びとと接すると，ものの見方の広範さ，寛容さ，柔軟性，そして深さといったものを感じ，その人柄や人生観から感銘を受けることも多い。「人生に無駄なことはない」とよく耳にするが，人生で担う苦労や困難は，マイナスばかりではなく，わたしたちの人生に生きることに対する洞察を与えてくれるものなのである。

　変容的学習では，人生での課題や変化に直面したときに，その意味を問い続ける過程で，「学びたい」という欲求が生じるとする。心理的危機の後に学習活動が喚起されることは，危機的状況に陥った人間が回復し，再生を求めて行う正常な反応ともいえるのではないだろうか。

（3）キャリアを設計し人生を意味づける

　大人の学習を促す要因の最後として，キャリアを設計し人生を意味づけることを挙げたい。

①キャリア設計に伴う継続学習

　未来を予測することは難しいが，人口動態から予測される近未来で確実に生じる現象としては，長寿化がある。長寿化は個人にとっては人生

の時間枠の延長，社会にとっては総人口に高齢者が占める割合の増加を意味する。長寿化に伴い，個人の学校教育を離れた後の期間は相対的に長くなる。このことによって，人は学校，仕事，引退といった一直線の人生ではなく，多様なキャリアの経路をたどり，様々な仕事や活動を行うマルチステージ化した人生を過ごすことが予見されている。この場合，それぞれのステージに柔軟に移行するためには，常に新しい知識を獲得する必要が生じる。不足するスキルや技能は，その都度の学習によって補完されなければならなくなる。

　わたしたちは，これまで以上に長くなった人生を自分で設計し，方向づけることが求められている。そのため，キャリアは組織が管理するのではなく，個人の自己充足のために選択されるものとなり，人は自分の人生の探求・統合のために自己のキャリア設計を行うことを志向するようになる。このような視点に立つプロティアンキャリア（protean career）注5) といった考え方によれば，キャリアは，教育，訓練，いくつかの組織における仕事，職業分野の変更など様々な経験から成立する。そのような考え方では，自己アイデンティティを核としたキャリア設計のための継続的学習は必須であり，学習を行うかどうかは個人に委ねられることになる。

②人生統合における人生の意味づけ

　高齢期になると，人は人生を統合するといった哲学的課題に直面する。そのプロセスで「人生を意味づける」（making-meaning）作業は，重要な目標であり，人生上の学習課題でもある。

　人は一日一日齢を重ねて生きる。加齢とは人生を形成するプロセスを経ることであり，誰もがそこに至る自分自身のストーリーを持っている。それは，自分のアイデンティティに関わるものであり，自らの経験を振り返る過程で，過去，現在，未来の時間の中で，自分をめぐるその

ストーリーは変化し，絶えず構成し直されていく。

　このように自分を振り返り，自己を物語る成人学習の例として，主に米国で実践として行われているものとしては，「ナラティヴ学習」(narrative learning)[注6] が挙げられる。ナラティヴとは，「語る」という行為と「語られたもの」という行為で得られた産物のどちらも意味する言葉である。このナラティヴ学習には，語られた内容の解釈，ストーリーテリング，自伝的活動など様々な方法がある。このうち，自伝的活動とは，日記，ライフ・ヒストリーなどの自伝や，自分，社会を題材にしたシナリオの執筆などを通して，自己探求や人生の意味づけの可能性を広げ，既に得た知識を経験に結びつけて新たなアイデンティティの構築を促すものである。

　自伝的活動は，学習者の人生を構成・再構成し，人生を意味づける活動である。自分の人生を振り返り，自分の人生を解釈，再評価し，意味づける学習は，自分の人生を肯定する重要な学習と言えよう。

3.　生涯学習へのいざない

　これまで，成人学習の理論を簡単に紹介しながら，子供とは異なる大人の学習の特徴と，大人になってから学びを促す要因を概説してきた。

　大人になってからの学習活動を計画，実施する決定を行うのは，自分自身である。学習したい内容は，学習者の人生に深く関わり，学習の種は，生活や人生経験の中にある。何を学びたいか，なぜ学びたいか，そして，どのように学びたいか，学習について考えることは，自分の人生設計を検討することと同義であり，自己を問うことである。学習とは自分の人生を充実させ，よりよく生きるために行う働きかけなのである。

　実は，大人になってから学習に参加した人は，どのような学習であっても再び学習に参加する傾向にあることが明らかにされている。学習は

さらなる学習活動につながる。そして，地域での学習活動は人とつなが
ることを可能にし，また，ウェルビーイングの実現に有効とされる。生
涯学習の広範な波及効果としては，学習がもたらす自己効用感，人生の
満足度との関係も指摘されている。

　自分の人生を計画し，学習を通じ自分の人生を振り返り肯定する作業
を行うことは，成人学習の究極の目的である。わたしたちはみな自分の
人生を意味づけ，充実して生きたいという欲求がある。

　成人期になってからの学習についてここまで述べてきた。自分を振り
返り，そして未来に向かって何かを学ぶことを始めてみよう。最初の学
習の先には，広範で豊かな学習の世界が待っていることであろう。

》》注

注1) Jarvis, P., "Learning from everyday life," in P.Jarvis (ed.) *The Routledge International Handbook of Lifelong Learning*. Routledge, 2009, p.19. Jarvis, P., *Adult Learning in the Social Context*. Croom Helm, 1987.

注2) Houle, C. O., *The Inquiring Mind*. University of Wisconsin Press, 1961.

注3) Aslanian, C. B. & Brickell, H. M., *Americans in transition: Life changes as reasons for adult learning*. College Entrance Examination Board, 1980, pp.60-61.

注4) Mezirow, J., "Transformative Learning: Theory to Practice," *Adult Education Quarterly*, 46 (3), 1996, p.162.

注5) Hall, D. T. & Associates, *The Career is Dean-Long Live the Career: A Relational Approach to Careers*, Jossey-BassPubilshers, 1996, pp.15-45.

注6) Rossiter, M. & Clark, M. C. (ed.), *Narrative Perspectives on Adult Education*, (New Directions for Adult and Continuing Education, Number 126), Summer 2010.

54

学習課題

1. 自分がなぜ学習しようと思ったのかを振り返り，その理由を考えて
みよう。
2. あなたの今後の学習計画について具体的に記述してみよう。

参考文献

赤尾勝己（2004）『生涯学習理論を学ぶ人のために』世界思想社.
Bell, D.（1973）*The Coming of Post-Industrial Society: A Venture in Social Forecasting*, Basic Books.（＝1975．内田忠夫他訳『脱工業社会の到来　上－社会予測の一つの試み』ダイヤモンド社）
Hall, D. T.（1996）*The Career is Dead－Long Live the Career－A Relational Approach to Careers*, Jossey-Bass Inc.（＝2015．尾川丈一，梶原真，藤井博，宮内正臣監訳『プロティアン・キャリア－生涯を通じて生き続けるキャリア』プロセス・コンサルテーション）
Jarvis, P.（2010）*Adult Education and Lifelong Learning: Theory and Practice*, 4th edition, Routledge.（＝2020．渡邊洋子，犬塚典子監訳『成人教育・生涯学習ハンドブック』明石書店）
Knowles, M. S.（1980）*The Modern Practice of Adult Education: From Pedagogy to Andragogy*, Cambridge, Adult Education Company.（＝2002．堀薫夫，三輪建二監訳（2002）『成人教育の現代的実践：ペダゴジーからアンドラゴジーへ』鳳書房）
Merriam, S. B. & Caffarella, R. S.（1999）*Learning in Adulthood: A Comprehensive Guide*, 2nd edition, Jossey-Bass, Inc.（＝2005．立田慶裕，三輪建二監訳『成人期の学習－理論と実践』鳳書房）
Rothwell, W. J.（2008）*Adult Learning Basics*, ASTD.（＝2017．嶋村伸明訳『組織における成人学習の基本』ヒューマンバリュー）

4 | 情報化社会と大学教育

苑 復傑

《**学習のポイント**》 急速に発展しつつあるICT（Information and Communication Technology – 情報通信技術）は大学教育を大きく変えつつある。ICTの発展によって，大学にどのような可能性が開かれ，また新しい課題が生じるのか。この章では，①ICTの発展は，大学教育にさまざまな形の新しい可能性を与えていること，②しかしそれを活かすためには大学の側においても教育方法，教育理念の見直しが必要であること，そして③ICTやAI（人工知能）の発展はこれからの社会を大きく変えるとすると，そこで生きていく人々をどのように教育するかが問われること，を論ずる。
《**キーワード**》 情報化社会，大学教育，ICT利用，遠隔授業，ビッグデータ，人工知能（AI），主体性

　この章では，まずICTの技術的発展が大学教育にどのような可能性を与えるかを考え（第1節），そして大学教育にICTを活かすための教育理念，組織的，制度的，経済的な条件を整理し（第2節），さらにICTの発展による社会と個人の変化がもたらす大学教育の基本的な課題について考えてみたい（第3節）。

1. 現代のICTと大学教育

　大学教育は12世紀ヨーロッパに始まったが，その基本を教師の講義においていることは今日も変わらない。しかし15世紀の印刷術の発明，18世紀の印刷物の普及によって，授業のあり方は変わったといわれる。20世紀末からのICTの飛躍的な発展も，大学教育のあり方を大きく変

えようとしている。その影響は多岐に及ぶが，それを以下では大きく三点に整理する。

（1）遠隔授業

　第一に，デジタル技術の進歩，製造技術の革新によって，ICT 関連機器の急速な普及，高機能化，低価格化が実現した。パソコンやタブレット，スマートフォンなどの機器は低価格化し，多くの人々が直接にそれを手にとって利用できるようになった。またスマートフォンの性能が向上し，パソコンの多くの機能を代替できるようになっている。こうした機器の普及が，ICT 利用の基盤となっている。

　第二に，インターネット（Internet）回線，WiFi などの利用環境が急速に普及し，それを利用する人々が爆発的に拡大した。パソコンやスマートフォンからインターネットに接続することによって，世界中の発信源から情報を得ることができるし，また自ら発信することも可能となった。これは従来のラジオ・テレビなどの放送を主軸とする通信技術と異なって，広い範囲で，しかも双方向でのコミュニケーションが，低コストで利用できるようになった。

　第三は情報の蓄積力や，その利用方法の飛躍的な向上である。大容量の記憶装置によって画像や動画の蓄積が可能となり，それがインターネットを通じて利用できるようになった。また大規模なデータベース（ビッグデータ）を蓄積し，それを企業活動や医療などさまざまな分野で活用できるようになった。

　以上のように発展してきたICT は一般社会の活動に幅広く利用されているが，大学もその例外ではない。では大学における ICT 利用はどのような形をとっているのか。以下ではそれを大きく三つの側面に整理して考える。

　第一の側面は，大学の授業をインターネットを通じて配信する，遠隔授業への ICT 利用である。遠隔授業は，教師が行う授業をインターネットを介して学生が受講するものを一般にさすが，さらにそれは教師と学生が一定の時間に同時に参加する「同時・双方向型」（リアルタイム・オンライン）の授業と，授業を録画して学生の側が必要に応じてそれを再生する「配信型」（オンデマンド）の授業とに大別することができる。またこの二つを併用する「ブレンド型」（ハイブリッド）の授業も少なくない。

　教師と学生とが教室で向き合うのではなく，両者が時間的，空間的に離れて教授・学習を行う，という意味での遠隔授業は，印刷物を用いる通信教育，あるいはラジオ・テレビを用いる放送教育などの形で行われてきた。放送大学もその一つの形態であり，通常の大学への通学が，時間や費用の上で困難な成人にとって，貴重な大学教育の機会となってきたことはいうまでもない。

　ただし放送を用いた教育は，通常は誰でも視聴することができるから，必ずしも学生として登録していない人々にも利用される可能性がある。それは長所でもあるが，他方でそれは授業（番組）の内容の完成度が高いものでなくてはならないことをも意味する。そのために一つ一つの授業の作成には担当教師だけではなく，放送技術者も含めて何人もの人が参加する必要がある。また視聴者の直接の反応が見えないために，教材などにも工夫が必要である。このために授業当たりのコストは少なくない。

　これに対してインターネットを用いた授業は，参加者が特定されるために，通常の授業を遠隔化することが可能である。また同時・双方向型の場合は学生の反応を確かめつつ授業を進行させることができる。あるいは配信型の場合は，学生が授業内容を繰り返し視聴して，理解を深め

ることができる。

　こうした点からインターネットを利用する授業はこれまでさまざまな形で推進されてきたが，それは必ずしも広く普及してきたわけではない。しかし2020年春からのコロナ禍によって通常の対面型（教師と学生が教室で対面する）の授業の実施が難しくなったために，授業をZoom，Teams，Google Meet などの遠隔会議システムを通じて行うことが急速に普及した。大学ICT推進協議会が行った『高等教育機関におけるICTの利活用に関する調査研究（2020年度）』によれば，2020年末には全国の大学の授業の約7割が遠隔で行われていた。コロナ禍を契機として遠隔授業が飛躍的に普及するようになったのである。

　同時に，ネットワークを通じて，授業での成績管理や，提出物の管理，教材の提示などを行う「学習マネジメントシステム」（LMS＝Learning Management System）が広く利用されるようになった。LMSは大規模な大学では早くから取り入れられていたが，その利用は成績管理などに限られていた。しかしコロナ禍によって授業が遠隔で行われるようになって，それを補完するものとしてLMSは一気に普及したのである。遠隔授業とLMSが従来の授業というものの考え方自体をも変化させる可能性をもっていることは第2節で述べる。

（2）大規模データの利用

　ICT利用の第二の側面は，コンピュータの記憶装置の大容量化，インターネットによるその蓄積，利用の簡便化によって，大量のデータ（ビッグデータ）が数値，文字だけでなく，動画についても，容易に利用が可能となったことである。

　これによって，大学の授業でもさまざまな教材が利用できるようになった。たとえば教科書や口頭では直接に伝えることのできない現象

を，直感的に理解することを可能とするビデオ教材などを利用できるようになった。また上述の遠隔授業における授業ビデオのオンデマンド送信によって，学生は講義で理解しにくかったところを何回も繰り返して視聴することができるようになった。早送りの機能を用いて，全体の流れを復習することも可能である。

　また特に理系の基礎教育においては，基本的な理論的理解をいかに効果的に学習するかが重要な課題となる。そのためには個々の授業で教師が努力するよりも，教師が協力して時間をかけてより教育効果の高い授業を作り，それを録画して，個々の授業で利用するという方法も用いられている。アメリカから始まった，オンラインで公開する授業・教材（OCW＝Open Course Ware）は，こうした試みを国際的に展開してきたものである。

　他方で専門的な内容の講義を，その分野での先端にたつ教師が講義し，これを個々の大学の枠を超えて公開する，という意図の，「大規模公開オンライン授業」（MOOC＝Massive Open Online Course）という試みも進められてきた。

　大規模データ（ビッグデータ）の可能性を活かすもう一つの分野は，その大学全体としての運営の高度化への利用である。大学も一つの組織体であるから，一般の企業などと同じように，業務のデジタル化（DX＝Digital Transformation）が大きな意味をもつことはいうまでもない。また大学の教育機能の全体としての改善をもたらすために，さまざまな大学の活動成果（アウトカム）の指標を蓄積し，それをフィードバックすることによって大学の活動の透明化，効率化が図られてきた。

　教育に限ってみれば，大学ではこれまで，学生の授業での成績，履修単位，家庭背景，入試の種類，得点，卒業後の進路，などが異なった単位で把握されていた。これらが連結されたデータが作られれば，さまざ

まなことが可能となる。たとえば入試方法，授業の内容・方法と学修時間，卒業後の進路との関係を分析すれば，教育方法の改善に重要な意味をもつ。あるいは学修から離脱する可能性が高い学生を事前にみつけて必要な指導を行うことも可能となる。さらに入学者選抜の方法の改善にも意味をもつであろう。

　また社会人の学び直しが重要な課題になっているが，成人学習の特徴は通常の学生とは異なって，一つの教育課程に一定期間に在学して学位をとる，という行動をとらない点である。成人学生の多くは長期間にわたって部分的な学習を行い，それが全体として一定の知識・技能の修得につながる。こうした履修形態を社会的に評価し，その利用を促進するために，個人の学修履歴を公的な機関において蓄積する，学修履歴データベースを整備することも考えられる。

（3）学習成果の評価，指導の個別化

　ICT 利用の第三の側面は学習成果の評価，指導の個別化にある。コンピュータの情報処理能力の向上によって収集された情報を分析する技術も格段に進歩した。さらにコンピュータの論理計算能力の飛躍的な高度化をもとにして，いわゆる AI（Artificial Intelligence）もさまざまな形で実用化されつつある。最近では ChatGPT（Generative Pre-trained Transformer）などの，一定の課題を与えると，それに応じて文章，コードなどを作成する，いわゆる「生成 AI」（Generative AI）も実用可能な段階に達している。

　もしそうした形で人間の思考と学習のメカニズムが明らかになれば，それは教育の方法にきわめて大きな基盤を与えることになるだろう。そうした方向を目指した研究も多く行われている。ただし，それが現実的になるにはまだ時間を要する。

すでに広く用いられているのが，コンピュータを用いたテスト（CBT＝Computer Based Test）である。一般に個人の学力の背後にはきわめて多様な要素が複雑に絡み合っている。従来のテストは，学力を限られた数の設問によって測定しようとするものである。これに対して，より多くの設問を設定することによって，学力をより正確に測定しようとする方法も考えられてきた。

これは突き詰めれば，AI を用いて個々の学生の理解度を診断し，学力に基づいて個々の学生の特性に応じた学習へ誘導することにつながる。一つの設問について誤った答えをした場合に，さらにその基礎にさかのぼった質問を行い，その結果に基づいてどこに理解の躓きがあったのか，を推定することが可能となる。AI はコンピュータのプログラムによって人間の思考に似たプロセスを作る，あるいはコンピュータがさらに学習してその思考をさらに高度のものとする，ことを目指している。それは逆にいえば，コンピュータのプログラムの作成を通じて，人間の思考と学習のメカニズムも明らかにしようとしていることになる。

他方で AI が現実の大学教育に問題を生じさせていることも指摘されている。たとえば ChatGPT のプログラムは広く公開され，一定の質問をすると，それに対して答えを自然な文章で返してくれる。これを利用して，大学の授業で出される課題を作成することが大学生の間で行われるようになった。これは ICT や AI が利用の仕方によっては深刻な弊害を生み出すことの一つの事例ともいえる。こうした点での対応も課題となっている。

2.　ICT 活用の条件

以上に述べたのは技術的な観点から，大学教育への ICT の利用がどのような形で可能か，という点であった。しかしそうした可能性を十分

に活かすためには，大学の組織や教育理念の転換が必要となる。

（1）授業方法の改革

　上述のように ICT は大学教育にさまざまな意味で新しい可能性を開きつつあり，2020 年春からのコロナ禍によって，遠隔授業，LMS など，ICT の活用は一層進んできた。しかしもう一方で，ICT 利用の可能性はまだ必ずしも十分に理解されていない。そこで焦点となるのは，従来からの対面型授業のあり方と，ICT 活用とをどのように結びつけるかという点である。こういった授業方法の改革が第一の問題である。

　伝統的に大学教育の基本は，教師と学生とが同じ時間・空間を共有して，教え，学ぶところにあった。その背後にあった理念は，学生は教師に直接に接してその話を聞くことによって，啓発され，また知的興味をかきたてられる，という点であった。それによって新しい知識を受け入れ，学習することが可能となる。また一般の学校や大学の教室における授業は，既成の知識を，多数の学生に伝えるものとして，一つの経済的な方法であったことも事実である。こうした意味で対面型授業は，いわば大学教育の核をなすといっても過言ではない。そして現代では，むしろこの核となる部分が再び重要性を帯びてきているともいえる。コロナ禍下では，遠隔授業を早く通常の対面型授業にもどす世論が強かったのも，こうした考え方が背後にあったからであろう。

　しかし同じ時間・空間にあることがそれだけで本当に学生の学習をもたらしているだろうか。意外にも学生の側からはコロナ禍での遠隔授業についてはむしろ対面型授業より良かったという感想も多く聞かれた。特に対面といっても大規模の授業では，教師と学生との距離は大きく，必ずしも同じ教室にいることが学修動機を作るわけではない。また通常の教室では質問をするのに心理的な障壁が大きく，むしろ遠隔授業での

LMSやチャット，メールによる質問のほうがやりやすい。

　さらに遠隔授業では，毎回の授業の内容を明確に予定し，学生に知らせておくことが不可欠となる。またLMSなどを通じて，事前に教材を提示し，学生がそれをみていることを前提として授業をすること，また授業で課題を出して，それをLMSなどによって学生に答えを提出させることも可能となる。いわば毎回の授業において，授業と学習が有機的に結びつき，それが反復されることになる。こうしたことはいうまでもなく，対面型授業でも可能であるが，日本の大学ではそれは必ずしも十分に行われていたわけではない。それが遠隔授業の導入にともなって，必要となり，可能となったのである。コロナ禍はそうした気づきを，大学の教師と学生に与えたともいえる。

　こうした意味で，対面型授業と遠隔授業を有効に組み合わせることによって，学習の高度化をもたらすことが可能となる。

（2）学習への動機づけ

　第二の問題は，学生の学習への意欲・モチベーションをどのように形成・維持していくかという点である。

　従来の対面型授業においては上述のように教師と学生とが時間・空間を共有し，それがもたらす人的な関係が，学習への動機を形成すると暗黙に想定されていた。いわば「場」が教育力を生むとされる。またその場は，学生同士のつながりの場所ともなる。同年代のさまざまな学生と知り合い，話し合い，また協力し合うことによって，学習への動機が支えられる。

　それは単に知識の吸収にとって重要なだけではない。大学は学生にとっては，未知の知識と接触することによって，それまでの狭い考え方や世界観を克服し，自分自身の考え方を作り上げていく，成長の場でな

ければならない。そうした過程では個人の迷いや人格的な脆弱性が必然的に生じてくる。それを支えるのが，大学で作られる人的な関係であろう。そしてそれが，広い意味での学習の基盤となるのである。

　こうした機能は，直接の人的な接触を経ない遠隔授業では実現するのが困難である。従来からの遠隔教育機関としての放送大学も，おもに学習の目的が明確である成人を対象として機能を発揮してきた。ただしここでも，対面による集団での学習の機会によって補完することも行われてきた。通信教育におけるスクーリング，放送大学における面接授業などはそうした機能を果たすものである。

　また同時・双方向型遠隔授業では，学生をグループにわけ，ウェブを通じて学生が議論しあう，という方法も行われている。Zoom などの遠隔会議システムでは，ブレークアウトルーム，チャットなどといわれる機能があり，それを利用すれば，技術的にはそうした方法も難しくなくなっている。このような形で授業に学生が参加することによって，学習へのモチベーションを高めることも重要な問題である。ただしそれが単なる学生のおしゃべりに終わらせないためには，教師の授業運営上の力量が必要となる。

（3）学修成果の認定と費用負担

　いま一つ，特に高等教育に関わって重要なのは，学修成果の認定，そして費用負担の問題である。

　伝統的な大学では，大学・学部という組織に学生が帰属する。そのために学生の授業への参加，試験の結果などをもとに学修の成果を評価し，それを修得単位として，それを学生が一定数を超えて蓄積することを卒業の条件としていた。またそれに関わる費用は，授業料の形で大学に支払われ，あるいは一定の政府補助金が大学に支払われる。こうした

意味で，大学という組織の枠組みの中に授業が包摂されることによって，学修成果の認定，費用負担が一貫したメカニズムとして成立するのである。

　これに対して，大学外の機関のオンデマンドWeb授業や，リアルタイムのオンライン授業などにおける，ICTの利用は，授業の提供と，学生の学修が組織としての大学を乗り越えるために，こうした一貫性を欠くことになる。学修成果の認定に関しては，インターネット大学などの例では，一定の場所・時間を指定して集団で監視のもとに試験を行う，または何らかの責任ある人に委託して試験を行う，などの方法がとられていた。しかしこうした方法では費用がかかるために，レポートのみでの評価を行う場合も多かった。この場合には，不正が起こる可能性も少なくない。

　また大規模公開オンライン授業（MOOC）などの例では，むしろ大量のレポートをソフトウェアで採点し，同時に不正を発見する方法を開発すること，あるいはむしろ受講者同士で質問や議論を行わせて，それを相互評価することによって成績評価を行うことなどが提案されている。従来の大学での成績評価にも問題が多いことを考えれば，こうした方法が一定の効果をもちうるという見方も可能である。しかしその場合でも，もし意図的に不正を行おうとすれば，かなり容易に行える可能性がある。

　さらに費用負担についても，獲得される学歴資格が社会的に受け入れられるものではない限り，高い費用を受講者に負担させることはできない。オンラインで公開する授業・教材（OCW）などの制作は，基本的には財団などの寄付によるか，あるいは一部の大規模大学の学術成果の公開という社会的な責任として行われていた。インターネットによる授業と，費用負担を結びつけようとするMOOCも，多くは授業提供者へ

の十分なコスト補償を行うには至っていない。

こうした意味で，ICT 活用を支える制度あるいは市場メカニズムをいかに構築するかが問われている。

3. 情報化社会と大学教育の課題

以上，技術としての ICT とその大学教育への導入を問題としてきたが，より広い視野からみれば，ICT や AI の発展は社会のあり方や個人の生き方に大きな影響を与えている。それに，これからの情報化社会を発展させるために，大学教育がどのような形で貢献できるかが問われる。

（1）情報専門人材

ICT 活用の議論は，その技術的な側面に眼を奪われて，それに対する社会的な需要がどこから立ち上がってくるのか，あるいはそれをどう組織するのか，について十分に配慮が払われていない。ICT を媒介としつつ，社会と企業の教育訓練への要求を，大学がいかに組織し，そこに自分の役割をみつけていくのか，それが大学にとって，きわめて重要な課題であると思われる。

この点で注目されるのは情報化社会を先導する情報専門人材の育成である。ICT や AI の開発は，急速に進みつつあり，それについての国際競争も激しい。その中で情報分野での専門人材を養成することが急がれているのは当然ともいえよう。そうした動きに対応して文科省は情報分野での専門教育を行う学部にむけた補助金を設定している。実際，国公私立大学において「情報」の名前を冠した学部が急速に作られてきた。

ただし情報に特化した教育のみが重要なのではない。情報に直接に関係ない専門分野においても，ICT の発展は知識の内容や，研究方法に

大きな影響を与えてきた。またICTを用いて，学生は授業を受けるだけでなく，自ら設定した課題を探求することも可能となっている。こうした意味でICTを駆使する能力を専門分野の教育において形成することが，幅広い情報化社会の人材養成につながるといえよう。

（2）情報リテラシー

また情報化社会で要求されるのは，情報分野での先端技術を開発する人材ばかりではない。むしろ一般の企業・団体の業務においては今，業務のあり方が大きく変化しつつある。それが大きな推進力となっているのが，いわゆるDX（Digital Transformation）と呼ばれる動きである。その具体的な内容は多岐にわたっているが，共通しているのは情報通信技術によって業務の効率化を図るという点であろう。

たとえば一般の事務的な業務の中には，定型化され，反復されるものが少なくない。それをエクセルなどのプログラムを用いて，効率的に処理することが一般に進められている。いわば，事務処理を行うロボットを開発する，という意味でRPA（Robotic Process Automation）などと呼ばれる業務改革を導入する動きもみられる。あるいは前述のChatGPTなどの人工知能を応用したプログラムを用いて，マニュアルや説明書の作成を行うこともすでに実用化されている。

こうした定型化された業務の自動化への動きは，管理業務を担当する人員への需要を縮小させる可能性があることが指摘されている。これは，かつて1960年代において大型コンピュータの導入が，銀行や企業における高卒労働力への需要の減少につながったことを想起させる。大卒者への需要も，DX化によって大きな影響を受ける可能性もないとはいえない。

ただし実際には多くの業務はきわめて雑多な要素をもっており，それ

を簡単に自動化することこそが課題になる。そこで大卒者に求めるのは，業務のどの部分が自動化され，またどの部分がそれに該当しないかを見極めることとなる。そのためにはICTの利用に基本的な知識・技能をもつことが必要となる。それはいわばICTの読み書き能力といってもよいかもしれない。そのような意味での能力である「情報リテラシー」を与えることが大学教育にとって重要な課題となる。

　それは必ずしも容易ではない。現在の日本の大学生の半数以上は，大学入学の際に入学試験を経ておらず，高校の低学年から履修科目が偏ってしまうために，特に数学の基礎学力が不十分な学生が少なくないといわれる。しかしICTの利用は，少なくとも一定の抽象的な思考を必要とする。こうした学生に情報リテラシーをどのようなものとして与えることができるのかが問われることになる。

（3）主体的な学習

　最後に最も基本的な問題に触れておこう。それは，情報化社会における人間の主体性の問題である。

　デジタル化社会は個人にとって，国を越えて，言語を超えて，さまざまな情報がきわめて容易に入手しえる社会である。社会としてみれば，さまざまな情報が，さまざまな形で多元的に集積されている。同時に個人間のコミュニケーションの手段がきわめて多様になり，従来の地域や職場を越えて，多様な個人間のネットワークが作られる。その中で個人は，仕事や生活に必要な情報を入手するとともに，他の個人やグループとのコミュニケーションを通じて，本来の文化的な要求を満たすことができる。モノの消費を越えて，直接に自分が欲しい人間関係や満足感を得る環境が生じつつあるのである。そうした環境を十分に利用して自らを成長させ，物質的にも精神的にも豊かな生活を送る可能性が生じてい

るともいえよう。

　しかし，そうした環境の中で，自分が何を本当に欲しているのかは，実は多くの人にとって明らかではない。その中でさまざまな情報が容易に提供されるということは，むしろ個人の中に混乱を生じさせる原因ともなる。フェイスブック（Facebook），ライン（LINE），ウィーチャット（WeChat），ワッツアップ（WhatsApp）など数多くのソーシャルメディアを通して，おびただしい数と量の個人からの情報発信，主張が瞬時に生成している。

　デジタル化社会の若者，特に先進国の彼らは，一応は充足した生活を送り，多様な可能性を与えられながら，むしろその故に，自分の将来について見通しをもちにくくなっているともいえる。また，そうした意味で，個人としての成長は，むしろ難しくなっているともいえる。

　他方で，ある調査によれば，ひと月に一冊も本を読まない大学生の割合は 2009 年の 3 割から 2019 年には 5 割に増加した。大学教育は，そうした情報化社会の矛盾を乗り越えるための，重要な手段であるといえよう。そのような役割を果たすためには，個人にとっての学習はそもそもその内部に，一つの葛藤をもっていることを，理解しておく必要がある。

　人間は基本的には，個人の中に知識を蓄積し，さらにそれを基礎に，個人の自己認識（アイデンティティ）あるいは自我を成長させていく。しかし当然，それは個人の内部からだけでは成しえない。それは自然や社会，他の人たち，さらにはすでに蓄積された学問体系の影響を受けて行われるのである。そうした意味での成長は自然に生じることもある。しかし多くの場合はそれを意図的に行わなければならない。意図的に人間の成長を支援していくことこそが「教育」の本質である。

　教育という視点からみれば，これは人間がその成長の過程で，自然や社会，他者，そしてすでに体系化された知識から，情報を得て，それを

内在化していく過程だとみることができよう。

　しかし知識として整理された情報をただ提供される，ということは，真の学修，そして成長とは結びつかない。学生は，社会や自然，他者に対して，主体的に働きかけることによって，さまざまなことを学びとる能力をもっているし，それこそが真に有効な教育となりえる。こうした考え方は一見，習わなければならない知識の量が増大した現代においては非現実的にみえるかもしれない。しかし，教育が効果的であるためには，単に情報や知識が与えられるだけではなく，受け手の側がそれに興味をもち，主体的に働きかける必要がある。この二つの力が交錯することによって，深い学修が成立するのである。

　こうした意味での働きかけを含めた，深い学修経験を作るのに，ICTがどのような役割を果たしえるのかが，問われている。

学習課題

1. 対面型授業とくらべて，遠隔授業にはどのようなメリットがあるか，あるいはデメリットがあるか，自分の経験に照らして考えてください。
2. ICT や AI（人工知能）が発達すれば大学教育は必要なくなる，という意見に対してどのように考えますか。

参考文献

金子元久『コロナ禍後の大学教育』東京大学大学院教育学研究科 大学経営・政策研究センター，2021 年。

大学 ICT 推進協議会，2020 年度『高等教育機関における ICT の利活用に関する調査研究結果報告書（速報版）』（https://ict.axies.jp/sig/32/ 2023 年 3 月 25 日アクセス）

中川一史・苑復傑『教育のための ICT 活用』放送大学教育振興会，2022 年。

MOOC：https://www.mooc.org/（2023 年 2 月 27 日アクセス）

OCW：https://mitocw.ups.edu.ec/（2023 年 2 月 27 日アクセス）

5 │ 高等教育研究

橋本鉱市

《**学習のポイント**》　高等教育は大学を中心とした多様な教育機関から構成され，長い歴史を持っている。特に戦後に拡大と発展を遂げ，進学率が50％を超えるようなユニバーサル段階に至っている国々も少なくない。こうした高等教育（機関）を対象とした研究の概略について紹介し，その幅広さと奥深さに初学者をいざなう。
《**キーワード**》　大学，非大学セクター，高等教育，エリート－マス－ユニバーサル段階

　高等教育研究とは，「高等教育」に関する様々な事象を，いろいろな視点から考察，研究する専門領域である。こうした多分に曖昧な定義とならざるをえないのは，高等教育という研究対象が持つ多様性と，それを分析する方法やアプローチの多角性という特徴をはらみもつためである。そこで本章では，まず高等教育とはどのような概念であり，またいかなる範疇をカバーするかを説明した上で，この教育段階が持つ長期にわたる歴史性や奥行きのある幅広さについて概略を述べる。そして，それを研究対象として扱う高等教育研究について，欧米ならびにわが国のトレンドやいくつかの事例などを紹介し，初学者にその面白さと可能性を提示して，この研究分野への興味と関心を喚起することとしたい。

1.「高等教育」とはなにか：概念と範疇

　さて，高等教育研究が考察・研究の対象としている「高等教育」とは，英語では higher education と表記されるが，これは中等教育より高次

（higher）のレベルにある教育段階という意味合いがある。中等教育段階よりも教育内容が高次，また年齢層的にも中等教育機関を卒業・修了した人々のニーズに応えるという含みを持つわけだが，しかしこの高等教育という概念や範疇は，それほど自明もしくは単純なものではない。

　まず，高等教育は「大学（university）」のみを指し示すわけではない。たとえば現在のわが国では，4年制大学（医学部などは6年制），2・3年制短期大学のほかに，高等専門学校（4・5学年），専修学校（専門課程），各省庁所管の大学校（防衛大学校など）など，数年間の教育プログラムを持つ多様な教育機関（「非大学セクター（non-university）」と称される）を包摂している。つまり高等教育は，現在，大学セクターと非大学セクターを併せ持つ広い概念であるが，それぞれの成立と発展には各国ごとに長い歴史的な経緯と背景がある。

　「大学」という制度は，ボローニャ大学，パリ大学といった12~13世紀の中世ヨーロッパ時代にまでその起源を遡ることができると言われている。universityの語源となったラテン語のuniversitas（ウニヴェルシタス）とは，そもそもは学徒（教師と学生）のギルド（組合や団体）を意味していたが，その後，国家や社会との関係性の中でその役割や期待，組織形態を変化させつつ生き延び，現在ではほとんどの国で設置されるほどに，重要な社会制度と一つとなっている。こうした長い歴史を持ち世界的な普及を見た「大学」であるが，しかしその一方で，高次の実践的・職業的な教育や応用指向的な研究を求める国家，産業界，国民などからの要求によって，多元的・多層的な教育機関（非大学セクター）が数多く設置されてきた。特に，第2次世界大戦後は，社会階層間の移動の活性化や社会経済的格差の平準化に果たす高等教育の役割が重視されるようになり，高等教育への機会（アクセス）の拡大や均等化が目指され，各国ともより細かなニーズにあわせて，様々な高等教育機関が新増

設された。しかし，こうした非大学セクターの組織形態，財政負担，中等教育との接続関係，さらには大学制度との関係は，歴史的背景，経済発展段階，社会構造などの違いから，各国ごとに大きく異なっており，現在もなお変容を続けていると言える。

　したがって，大学と非大学セクターの歴史や変容に鑑みると，各国の高等教育のあり方は，中等教育以降の教育段階という言葉でしか定義できないのも事実である。そのため，1970年代以降では，中等教育の後の教育体系として，生涯教育・学習や継続教育をも包含する「中等後教育」(postsecondary education) もしくは「第3段階教育」(tertiary education) などの概念と併用されるようになってきている。また UNESCO（国際連合教育科学文化機関）の「国際標準教育分類」(International Standard Classification of Education: ISCED, 2011年版) では，各国の教育レベルは9段階に分類されているが，そのうち「短期第3段階教育 Short-cycle tertiary education」「学士および学士相当レベル Bachelor's or equivalent level」「修士および修士相当レベル Master's or equivalent level」「博士および博士相当レベル Doctoral or equivalent level」が，高等教育に該当するとされている。

2. 高等教育の歴史的変容

（1）高等教育の段階的発展

　さて，上述のように，現代の高等教育（機関）は大学を中核としつつも，各国の事情や背景にあわせて，次第にその範疇を広げ，多様な教育機関を包摂しつつ様々なニーズに応えてきた。その高等教育の歴史的な変容と，それに伴う様々な社会的機能や教育内容の変化について，トロウ（Martin A. Trow）は「エリート段階（該当年齢人口に占める大学在学者の比率が15％未満）」→「マス段階（50％未満）」→「ユニバー

サル段階（50％以上）」という3段階からなる「構造＝歴史理論」を唱えている（トロウ，1976）。

　トロウのモデルは，理論と言うよりは経験的な自然史モデルに近いが，今日の高等教育研究では一つの発展段階論として通説化している。15％，50％という数値は参照基準にすぎないが，各段階から次の段階への移行に当たっては，教育の目的観，主要機能，カリキュラム，教育方法・手段，学生の進学・就学パターン，特色や規模，社会との関係性，内部の管理・運営形態など，大学内外の様々な側面で大きな変化が生じ，さらにそれらはアンバランスに進むため構成員全てにディレンマが生じるとされる。すなわち，エリート段階の大学は支配階級の再生産機関として一般社会からは隔絶した特権的な役割を果たしており，人間形成や教養を主軸とした少人数教育が行われて，そのカリキュラムも高度に構造化されている。しかし，産業社会における人材養成のニーズから，様々な高等教育機関が開設されてマス化が進むと，教育目的や内容・レベルも多様化して，知識や技能の伝達が主な目的となり，多人数講義の形態が主体となっていくが，この移行期には教育の質の平準化を求めるディレンマが生じる。さらに当該年齢層の半数以上が進学するようなユニバーサル段階では，高等教育には全国民に開かれた新しい経験の提供が求められ，コンピュータなどの発展とあいまって，これまでにない通信や機器による学習形態や教育方法が試行されるようになるが，この段階では高等教育への進学は，ある意味では権利から義務ともなり，全国民に対する教育保障が求められることとなる。

　トロウがこの段階説を唱えた1970年代初期の時点では，イギリスや西欧諸国の多くをエリート段階，日本，カナダ，スウェーデンなどをマス段階，アメリカをユニバーサル段階にあると想定したが，1980年代を通して多くの先進諸国はマス段階へと移行し，その後ユニバーサル化

した国々も少なくない。

（2）わが国における発展と拡大

　各国の社会的・歴史的な背景は多様であるから，トロウが唱えるそれ
ぞれの段階と移行のタイミングは，各国ごとに大きく異なっている。戦
後わが国の大学・高等教育機関への進学率の推移にこの段階論を当ては
めつつ，わが国の高等教育の発展と拡大について見てみよう（図5-1，
参照）。

　まず，わが国の高等教育は戦後しばらくはエリート段階が続いていた

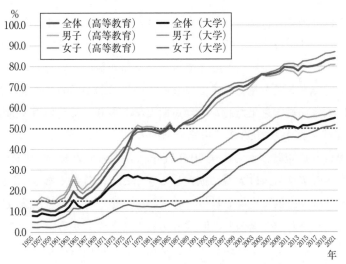

図5-1　わが国における大学・高等教育機関への進学率の推移
出所：『高等教育統計データ集』（広島大学高等教育研究開発セン
ター）ならびに『学校基本調査報告書』各年度版から筆者作成。
「大学進学率」は大学への当該年度入学者数を，また「高等教育
機関進学率」は大学，短期大学，高等専門学校（4年生），専修学
校（専門課程）への当該年度入学者の合計数を，それぞれ当該年
度の進学該当年齢人口（4年前の中学3学年・義務教育学校9学
年及び中等教育学校前期課程3学年在学者）で除した値である。
なお，高専については3年前の高専入学者をあてている。

ことがわかる。マス段階に達するのは 1960 年代後半と見て良いだろう
が，その原動力となったのは私立セクターにおける収容力の急激な増加
によるところが大きい（大学数ならびに入学定員の拡大）。その背景に
は戦後の高度経済成長と 18 歳人口の急増があり，また政府による大学
の規制緩和策がそれを後押しした。1960 年代半ばから 1970 年代後半に
かけて，進学率は 4 年制大学で倍増，また高専・専門学校などを含む高
等教育機関全体ではユニバーサル段階に迫る勢いであった。しかし
1970 年代後半からは，オイルショックによる景気後退や政府の抑制政
策への転換によって進学率は急ブレーキがかかり，逆に漸減に転じるこ
ととなった。再び上昇基調となるのは 1990 年代に入ってからのことで
あり，2010 年代に 4 年制大学への進学率は 5 割を超えるようになり，
現在では高等教育機関全体への進学は 8 割半ば近くに至るなど，文字通
りユニバーサル段階へと突入している。また男子と女子では 4 年制大学
進学については今世紀に至るまで大きな格差が続いていたものの，近年
では女子でも 5 割を超えるまでになっている（わが国の女子高等教育の
拡大に大きな役割を果たしたのは短期大学であり，女子の短大進学率は
1970 年代半ばから 1990 年代末まで 20％を超えていた）。

　このように現時点から戦後 70 年間を振り返ってみれば，わが国の高
等教育へのアクセスは大幅に拡大してきたことは確かである。しかしそ
の進学率は安定的に上昇し続けてきたわけではなく，むしろ急激に上昇
する局面もあれば，漸減した時代もあったことがわかる。またこうした
時期は，まさにトロウが指摘する不安定な移行期に当たっており，たと
えば 1960 年代後半からのエリート段階からマス段階への移行期には全
国の大学を学生紛争が席巻し，またマス段階からユニバーサル段階への
移行期である 1990 年代以降は，教育機能を主軸とした大学改革の本格
化と軌を一にするなど，大学内外において様々なディレンマを経験し，

多様な政策対応が取られてきた。

　また重要なのは，高等教育機関への進学率（ひいては大学進学希望者の行動）には経済状況，社会事情，政策対応，人口変動など様々な要因が複雑に絡んでいることが示唆されているのであり，逆に言えば，高等教育の拡大・発展は，こうした要因を解きほぐしていかなければ妥当な解釈は難しいと言うことである。この点は次節で述べるように，高等教育研究が扱う事象の幅広さと方法論の奥深さにつながっている。

3.　広範な研究テーマ

（1）欧米の動向

　上記のトロウの各段階・変容の項目や，わが国の拡大・発展の経緯からも明らかなように，高等教育研究の扱う対象は非常に幅広である。Teichler（2005）は，欧米における高等教育研究の主なテーマと対象を，以下の4つに大きく分類している。まず，「量的・構造的側面」というテーマ群で，具体的にはアクセス・入学，エリート段階およびマス段階の教育，多様化，高等教育機関の種別，学習プログラムの期間，卒業，教育と雇用機会，就職，所得・地位，教育投資と収益率，適正な雇用や転職などのテーマで，これらは主に経済学者と社会学者によって研究されている。次に「知識・科目に関連する側面」で，この分野では，学問分野と学際性，一般教養，学問と職業のバランス，質，スキル・能力とその活用，教育過剰，教育と研究の関係，カリキュラムなどがテーマであり，教育学者のほか，科学史，科学社会学，科学技術論などの研究者に担われている。3番目にあげられているのは，「個人・教育・学習に関連する側面」である。コミュニケーション，ガイダンス・カウンセリング，モチベーション，教育・学習スタイル，評価・試験，学生，教員など，教育学者，心理学者のほか，社会学者が研究を進めている。さい

ごに「制度・組織・ガバナンスの側面」があげられている。これらは，計画，管理，経営，権力，対立と合意，意思決定，効率性と有効性，資金調達，資源配分などがテーマであり，法学，政治学，経済学，行政学，経営学の研究者によって担われている（Teichler 2005, pp.450-451）。また昨今の動向を踏まえると，技術移転，イノベーション，地域社会における役割，産業界との関係，大学ランキング，国際的な評価・競争などのテーマがこれに加わるだろう（Kehm 2015, p.66）。

　さらに Tight（2019）は，近年の研究動向を踏まえて，①「教授・学習（現象記述学（学生の学習観についての質的研究法），教授・学習アプローチ，教授・学習の学識）」，②「コースデザイン（研究分野での学術的リテラシー，（学習の）活動システム，（研究における思考や方法を特徴づける）手掛かり概念）」，③学生経験（初年次教育，学生の在学（率）と参加，職業へのトランジッション），④質（質保証・管理，消費者・顧客としての学生，大学ランキング），⑤システム・政策（人的・社会関係資本，グローバリゼーション・国際化，マス化），⑥組織・マネジメント（マネジェリアリズムと同僚性，大学のミッションと多様性，（職業教育の）アカデミックへの偏向と制度的同型化），⑦学術的な営み（学者という部族とテリトリー，学者のアイデンティティ，実践共同体），⑧知識と研究（研究・教育の統合，学際的研究，専門職・職業的ディシプリン）の8テーマに整理している（Tight 2019, p.10）。

　ただし，欧米諸国の研究テーマは一括りにはできず，Scott（2000）によれば，欧州モデルと米国モデルに大別できるという。前者では国家やシステムにおけるマクロレベルの政策の展開に焦点が当てられ，後者ではメゾレベルでの大学教育の改善やミクロレベルでの教育・研究の実践が重要な研究課題となっているという（Scott 2000, p.146）。

（2）わが国の特徴

　ひるがえって，わが国ではどのようなテーマが扱われているだろうか。高等教育関連の3専門学会（高等教育学会，大学行政管理学会，大学教育学会）のテーマ分析によると，「研究者・FD」「学士課程教育」「大学院教育」「評価・点検」「学生生活・文化」「高大接続・入試」「授業分析・開発」「地域・産学連携」「財政・財務」「管理・運営」「グローバル化」「キャリア・就職」「質保証」「制度・組織」「歴史」「IT と大学」「専門（職）教育」「短大・高専」といったテーマが取り上げられており，2000 年代後半からは「質保証」「研究者・FD」「管理・運営」といった分野が急成長を見せている（橋本・丸山 2013，185-187 頁）。さらに2020 年代に入ってからは，大学入試や奨学金政策，私立大学の経営など，昨今の政策課題に関連する形で，「高大接続・入試」「財政・財務」などがクローズアップされてきていると言えよう。

　また，放送大学でもここ数十年来，数回にわたって高等教育関係の授業が開講されているが，そのテキストの章構成を見てみよう。たとえば，1997 年度開講の『変わる社会と大学』では，「大学の発展」「進学率の変化と高等教育計画」「大学の配置と進学移動」「大学教育の大衆化」「大学改革とカリュラムの変化」「自己点検・評価」「入学試験のあり方」「大学の高度化」「受益者と負担区分」「卒業後の進路」「高等教育の多様化と柔軟化」「新しい通信技術の利用」「遠隔高等教育の可能性」「大学の国際化」「学習社会と大学の未来」からなっている。また 2008 年度の『大学と社会』では，「大学の誕生と発展」「大学モデルの移植と伝播」「アジアにおける高等教育の伝統」「アジアの近代化と大学の役割」「日本の近代化と大学」「戦後日本社会と大学改革（1）－大衆化への離陸－」「戦後日本社会と大学改革（2）－計画から規制緩和へ－」「グローバル化する社会と大学」「高度情報化社会と大学」「生涯学習社会の中の大学」「大

学の組織と運営」「変貌する大学教師」「多様化する学生」「大学と社会
貢献」「21 世紀の大学 – 政策的観点から – 」という章構成である。

　以上のように，わが国の特徴としては，大学をメインとする高等教育
機関全般について，そのインプット（入学・進学），スループット（教
育プログラムの内容，方法，学生文化，経験），アウトカム（学習（学修）
成果，卒業・修了後のキャリアなど）のほか，高等教育機関を取り巻く
計画や政策，組織や制度，財政・財務やガバナンス，国家（政府），地
域社会，産業界，科学技術などとの関係性，さらには歴史や国際比較な
ど，高等教育機関に関わる事象を幅広く対象としているとも言える。

　このように，わが国の高等教育研究はミクロからマクロまでバランス
よくカバーされている感があるが，逆に言えば，どのテーマにしても今
後より深掘りされるべき余地を残しているとも言える。

4. 多様な方法論とアプローチ

　前節で考察したように，高等教育研究の分析対象は非常に多岐にわた
るため，その分析に当たっては上述の Teichler（2005）の分類にもある
ように様々な専門分野の研究者が参入して，それぞれの方法論やアプ
ローチが活用されている。ここでは分析方法の全てを網羅・整理するこ
とはできないが，定量的・定性的分析，通時的・共時的分析，政策文
書・資料などのドキュメント分析，理論や文献研究，といった様々なバ
リエーションがあり，それぞれ単一の方法が利用される場合もあれば，
いくつか組み合わせられている場合もある。

　Tight（2012）は高等教育に関する英米系の専門雑誌に掲載された論
文をレビューしているが，論文で使用されている方法論は，「多変量解
析（44％）」「ドキュメント分析（26％）」「インタビュー（21％）」「伝記
（4％）」「概念分析（4％）」「現象記述学（1％）」に大きく分けられると

している。またテーマによって方法論の偏りがあり、たとえば「学生経験」のテーマでは 3 分の 2 ほどが、また「質」では約半数がそれぞれ多変量解析による研究であり、一方で「コースデザイン」に関するテーマでは 4 分の 1 ほどがインタビューによる研究、さらに「システム・政策」では 7 割、「組織・マネジメント」では半数近くがドキュメント分析を用いているとしている（Tight 2012, p.26）。

　他方、わが国の高等教育研究の志向性と調査方法を検討した分析によると、1990 年代から 2010 年代のいずれの時期においても、調査・研究の約半数は定量的な方法論（アンケート調査やビッグデータ分析）によるもので、定性的なアプローチ（インタビュー、参与観察、フィールドワークなど）は 1～2 割にとどまっている（その他は、定量・定性の混合的な方法やそれらに分類しきれない方法論（理論、歴史、比較、文献研究など）である）。また分析対象ごとに調査手法の偏りが見られ、たとえば、「学生生活・文化」「短大・高専」「キャリア・就職」「高大接続・入試」といったテーマではアンケート調査による仮説検証型の研究が非常に多いが、「IT と大学」「授業分析・開発」「大学院教育」などのテーマでは、定性的なアプローチが活用され、また「グローバル化」「質保証」などのテーマでは、制度概観・事例研究による考察がメインとなっている（橋本・丸山 2013, 187-189 頁）。

　このように、欧米もわが国でも、定量的な方法論が多用され、定性的な研究は少ない。また、分析対象やテーマによって使われる方法論に偏りがあることも共通している。逆に見れば、それらはある意味、定型的・定番的なアプローチであるかもしれず、今後は、定量的な分析がメインだった対象に定性的な分析や国際比較、あるいは歴史分析などを試みるなど、同じ研究テーマであっても異なる方法論を援用することによって、より立体的な解明や新たな知見にもつながることだろう。

5. 課題と展望

　以上のように，高等教育研究は中等教育以降の教育段階・機関をカバーする領域であり，取り扱うテーマや対象も広範である。また間口が広く，奥行きもある分，様々な方法によるアプローチが可能である。

　この意味で，高等教育研究は，学術的な discipline としての中心（センター）を持たない分野であると言えるかもしれない（Altbach 2014, p.1319）。このため，高等教育研究は研究，政策，実践の境界がますます曖昧になって，いわば「オープンアクセス分野」となり，理論的にも方法論的にも脆弱となって様々な批判が引き起こされかねない，とも指摘されている（Kehm 2015, p.70）。

　しかし，逆に言えば，こうした課題はこの分野に関わる人々の多様な関心と背景を反映しているが故のことであり，ある意味必然的なものだとも言えるだろう（Altbach 2014, p.1319）。したがって，初学者にとっては，自身の興味や関心から様々なテーマやトピックを探り，それと並行してそれを考察・分析する適切な方法論も学習して，新しい分野を開拓していっていただきたい。

学習課題

1. 世界各国における高等教育の発展とあり方について，トロウの段階論が当てはまるかどうか，調べてみよう。
2. わが国の高等教育のマス化・ユニバーサル化に果たした非大学セクターの役割を，考えてみよう。

引用文献

Altbach, P. G. 2014, The emergence of a field: research and training in higher education, *Studies in Higher Education*, 39（8）, pp.1306-1320.

橋本鉱市・丸山和昭 2013「高等教育研究の知識変容とネットワーク－関連 3 学会の比較を通して－」『高等教育研究』第 16 集，183-201 頁。

Kehm, B. M. 2015, Higher education as a field of study and research in Europe, *European Journal of Education*, 50（1）, pp.60-74.

Scott, P. 2000, Higher education research in the light of dialogue between policy-makers and practitioners, in: Teichler & Sadlak（eds）*Higher Education Research: its relationship to policy and practice*. Oxford ; New York : Pergamon, published for the IAU Press, pp.123-147.

Teichler, U. 2005, Research on higher education in Europe, *European Journal of Education*, 40（4）, pp.447-469.

Tight, M. 2012, *Researching Higher Education*（Second edition）, Maidenhead : Society for Research into Higher Education & Open University Press.

Tight, M. 2019, *Higher Education Research: the developing field*, London: Bloomsbury Academic.

トロウ，M.（天野郁夫・喜多村和之訳），1976,『高学歴社会の大学―エリートからマスへ―』，東京大学出版会。

6 | 学校教育と教育行政

櫻井直輝

《**学習のポイント**》 学校教育は，我々にとって最も身近で，多くの人が幼少期から青年期にかけて経験する/したことのある公教育サービスである。本章では，学校教育制度の展開とともに，教育課程行政を取り上げ，政治や国際調査が日本の学校教育制度・政策に与えている影響について概観する。最後に学校教育を行政的・政策的に検討する観点から教育行政学という学問の特徴について述べる。
《**キーワード**》 教育行政，学校教育制度，教育課程行政，学習指導要領，学力

1. 学校教育制度の成立とその改革

（1）学校教育とはなにか

　教育が個人の発達可能性を現実化していく営みであるとすれば，公的に行われる学校教育とはどのようなものであろうか。

　近代国家において，学校教育とは制度としての教育（＝公教育）を実現するための仕組みとして発展してきた。制度としての教育の目的は大別すると二つであり，第一は教育そのものの目的である個人の能力発達と権利の保障である。これに対して第二の目的は，社会（国家）の維持・発展である。特に，近代における学校教育制度は，第二の目的に関連して，一定の水準の読み・書き・計算能力をもつ労働者を効率的に生み出すことと，国民国家の構成員として共通の社会規範を有した国民を育成することを企図して構築されてきた。決まった時間に子どもたちを一所

に集め，教師が大勢の子どもに対して教授するという，伝統的な学校教育のスタイルはこうした歴史にも由来する。他方で，第一の目的を重視すれば，違った形の学校教育が考えられる。たとえば，子ども一人ひとりの興味関心に沿った教育内容を，子ども自身の能力に応じて提供するという仕組みが考えられよう。学校教育の在り方としてどちらが正しいのか，という問いに対する答えは時代や社会のニーズによって異なり一様ではないが，公的サービスとして提供される学校教育は両者のバランスをとることが求められる。

（2）日本における学校教育制度の成立とその改革

　日本において学校教育制度が成立したのは明治維新後のことである。それは西欧諸国が有する近代学校制度をモデルとしたものであり，1872年の学制の発布に遡ることができる。「追い付き型の近代化」政策のもとで，国家や社会の維持発展，国民国家における国民の育成を円滑に行うための制度として学校教育が位置づけられ，国家主導による学校体系の整備が急速に進められていった。

　第二次世界大戦を経て，1946年に日本国憲法が，翌年には教育基本法が制定された。憲法においては第26条で教育を受ける権利と義務教育及びその無償制が定められ，準憲法的性格をもつとされる教育基本法において，教育の目的や方針，機会均等の原則や不当な支配の禁止といった，戦後の公教育制度を特徴づける諸原則が法制化された（「憲法－教育基本法体制」）。

　憲法－教育基本法体制のもとで，新しい学校教育制度を運用していくための法制度も整備された。「六・三・三・四」制の学校体系，9年制の義務教育やその運用のための財政制度，公立義務教育諸学校の教職員の配置基準となる「公立義務教育諸学校の学級編制及び教職員定数の標

準に関する法律」(「義務標準法」), 教育内容に関する標準を定めた「学
習指導要領」, 公選制の「教育委員会制度」(のちに首長による任命制に
改正) などが, この時期に生まれ, 手直しを加えられながらも今日に
至っている。

　戦後改革期に成立した学校教育制度は, その後も人口増や経済成長の
中で量的・質的拡充が継続的に図られてきた。1970 年代には高校への
進学率が 90％を超え, 80 年代以降は臨時教育審議会の答申による「教
育の自由化論」やこの間に生じた教育問題への対応を背景として, 学校
教育制度の見直しが進められてきた。2000 年代に展開した「教育の構
造改革」では, 教育基本法の改正, 中高一貫教育や小中一貫教育に対応
した学校体系の再編 (中等教育学校や義務教育学校の制度化), 教員や
学校, 教育行政の評価システム導入, 地域住民や保護者が学校経営に参
画する仕組みである「学校評議員制度」や「学校運営協議会制度」が導
入され, 学校経営に対して保護者・地域住民が制度的に参加・関与する
仕組みが整備されてきている。

（3）学校教育制度の基本的な仕組み

　公的なサービスとして行われる学校教育のうち, 全ての国民に対して
共通に提供されるのが, 初等教育及び前期中等教育に相当する 9 年間の
義務教育である。現代日本では, 小学校, 義務教育学校前期課程及び特
別支援学校の小学部が初等教育を, 中学校, 義務教育学校後期課程, 中
等教育学校前期課程及び特別支援学校中学部が前期中等教育を提供する
機関として存在している (図 6-1)。

　国及び地方自治体は, 義務教育を保障するために各種教育条件整備の
義務を負っており, 主なものとして学校の設置管理, そこで働く教職員
の人事管理, 教育課程基準である学習指導要領の策定及び改訂, それに

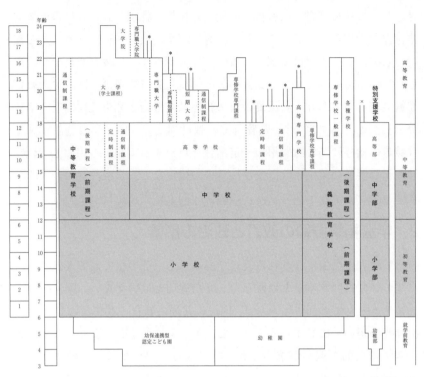

（■部分は義務教育）

（注）

1. ＊印は専攻科を示す。
2. 高等学校，中等教育学校後期課程，大学，短期大学，特別支援学校高等部には修業年限１年以上の別科を置くことができる。
3. 幼保連携型認定こども園は，学校かつ児童福祉施設であり０～２歳児も入園することができる。
4. 専修学校の一般課程と各種学校については年齢や入学資格を一律に定めていない。

図6-1　学校系統図（出所：「諸外国の教育統計」令和４（2022）年版を一部改変）

https://www.mext.go.jp/b_menu/toukei/data/syogaikoku/1415074_00017.htm

対応した教科用図書（教科書）の検定と採択，採択された教科書の無償
給付などを担っている。こうした教育に関する政策・行政を所管する機
関として国レベルでは文部科学省が，地方レベルでは教育委員会が設置
されている。原則として，公立小・中学校の設置管理は市区町村の教育
委員会が行っており，教職員の人事管理は政令指定都市及び都道府県教
育委員会が行っている（「県費負担教職員制度」）。国は学校施設設備や
教職員の給与に関わる費用の一定割合を負担する（国庫負担制度）ほか，
学習指導要領の策定・改訂及び教科書の検定など，学校教育の全国的な
水準（ナショナル・ミニマム）の維持・向上に責任を負っている。

2. 学習指導要領の改訂と政治の影響

　学校教育が公的になされる教育である以上，その全てが個人のニーズ
に基づいて行われることは難しく，また適切とはいえない。国家の教育
システムとしての面に鑑みれば，国民に共通の教育・教養として，また，
次世代の担い手に対する教育として，子どもに何をどのように教えるか
に関する公的な議論が求められ，特に今日においては，どのような資
質・能力を身に付けさせるのかも重要な論点となっている。当然，これ
らは子どもの権利や国家の維持発展に大きく影響する事柄であり，その
決定を誰が担うのか（担うべきか）という点についても多くの議論が想
定される。少なくとも個人の教育要求が完全に排除されることがあって
はならないし，国家や政治の関与を全面的に否定することも現実的では
ない。

　では，教育内容や方法，教育を通じて身に付けるべき資質・能力とは
どのように決定されているのだろうか。

　「学校教育の目的や目標を達成するために，教育の内容を子供の心身
の発達に応じ，授業時数との関連において総合的に組織した学校の教育

計画」（小学校学習指導要領解説編）を教育課程という。教育課程を誰
が，どのように決定するのか，という点については様々な考え方があり
得る。現代の日本においては，全国的な基準を国が定め，具体的な編成
は各学校において行われ，地方教育委員会がその管理を行っている。

　このような教育課程に関わる国・地方自治体・学校を通じた行政活動
を「教育課程行政」というが，概して①文部科学省による学習指導要領
の作成と各地方自治体への指導・助言，②教育委員会による学校への指
導・助言，③学校での教育課程編成と実践，④実践と評価に基づいた
フィードバック及びそれを受けた新しい学習指導要領の策定，という一
連のプロセスによって成り立っている（山田・藤田・貝塚，2015）。こ
れに加えて，文部科学省は「研究開発学校制度」を通じて，新しい教育
課程，指導方法等に関する研究開発を行い，その成果を学習指導要領の
改訂へと反映してきた。

　学習指導要領の改訂作業は原則として10年に1回のサイクルで，文
部科学大臣の諮問を受けた中央教育審議会（中教審）で行われる。審議
は中教審におかれた初等中等教育分科会教育課程部会が担当し，教科や
学校種に応じた部会において集中的な審議が行われる。改訂作業は，部
会の構成員である学識経験者や教育関係者（教育長や教職員の代表），
産業界の関係者等，文部科学省の視学官，教育課程調査官に加えて，教
科書・教材の制作会社や教育ジャーナリズムに関わるマスコミ関係者等
が関与している（天笠，2011）。これらの関係者がおおよそ2年程度の
審議を経て答申をまとめ，答申に基づいて改訂が行われることが通例で
ある。

　学習指導要領の改訂には，多くの教育関係者が関与しているものの，
政治や他の行政分野が直接関わるような仕組みとはなっていない。しか
し，近年の教育課程行政について首相官邸あるいは政治の関与が強化さ

れたことが指摘されている。特に第二次安倍政権において首相の私的諮問機関として設置された「教育再生実行会議」や自民党に設置された「教育再生実行本部」の提言が大きな影響を及ぼしたことを多くの研究が指摘している。

2017年告示の学習指導要領の改訂過程では，首相官邸や与党の意向を受けて，「特別の教科　道徳」や「グローバル化に対応した英語教育改革」の在り方をめぐる議論が中教審を舞台に展開された。道徳教育については教育課程部会の道徳教育専門部会において先行して審議されただけでなく，英語教育では「グローバル化に対応した英語教育改革実施計画」が公表され，その後の改訂作業のスケジュールに影響を与えた。この間の教育課程行政の展開は，政治によって示された政策提言を教育政策として具体化するものであったが，一方で中教審は，教育課程部会のもとに設置した教育課程企画特別部会を通じて，既定路線化していた政治の意向を改訂全体の枠組みに位置づけ，その上で教育課程全体としてバランスを図るという戦略をとった（天笠, 2019）。

このように，近年の官邸主導・政治主導の教育政策形成の中にあって，従来文部科学省が中教審を通じて専門的に担ってきた教育課程行政においても政治の意向が様々な形で及ぶようになっている。

3. 学力観の変容と成果指標としての「学力」

教育課程行政に影響を及ぼすものは，首相官邸や政権与党の意向だけではない。調査測定や評価によってもたらされる様々な成果指標，中でも「学力」は最もなじみのある指標の一つとして，教育課程行政に影響を及ぼしている。学力の中身は時代を通じて普遍的・不変的なものではないが，学校教育を通じて獲得することが期待される資質・能力の代理指標，より直截的には学校教育に期待される成果として社会的・政策的

に形作られている。いくつかの先進諸国では，測定された学力が学校や教員，教育政策を評価するための証拠（エビデンス）として用いられており，学力テストを通じたガバナンスが展開されている。学校教育を取り巻く状況を理解する上で，学力観を見ることは有効な視点となる。

　以下では，1990 年代以降の学力観，学力政策の変遷を，同時期に生じた「学力低下」論争に関連づけながら整理することとしたい。

　日本では，1990 年代に知識重視型の学力観（旧学力）から，「自ら学ぶ意欲と社会の変化に主体的に対応できる能力の育成を重視すること」への転換が打ち出された（「新学力観」）。これは指導要録の観点別評価項目に具体化し，児童生徒の評価において「関心・意欲・態度」が最も重視されることも特徴の一つであった。

　新学力観の流れを受けた 1996 年の中教審答申「21 世紀を展望した我が国の教育の在り方について」は「生きる力」と「ゆとり」を掲げ，「知識を一方的に教え込むことになりがちであった教育から，子供たちが，自ら学び，自ら考える教育への転換を目指す」こと，「[ゆとり]のある教育環境で[ゆとり]のある教育活動を展開する」ことをより積極的に位置づけることとなった。答申では「生きる力」とは「これからの変化の激しい社会において，いかなる場面でも他人と協調しつつ自律的に社会生活を送っていくために必要となる，人間としての実践的な力」であり，「単に過去の知識を記憶しているということではなく，初めて遭遇するような場面でも，自分で課題を見つけ，自ら考え，自ら問題を解決していく資質や能力」と「美しいものや自然に感動する心といった柔らかな感性」を含み，その基盤には「健康や体力」が必要であるとされた。

　1998 年告示の学習指導要領はそれらを実現するための具体的な方策として，授業時数の削減，教育内容の厳選，「総合的な学習の時間」の創設などを示し，教育課程の大幅な見直しが行われることとなったが，

授業時数の削減や教育内容の厳選は，基礎学力（旧学力）低下への懸念として社会的な議論を呼ぶこととなった（「ゆとり教育」批判）。

この間の学力低下論争に拍車をかけたのは，経済協力開発機構（OECD）の実施する国際学力調査（PISA）であった。特に，「PISAショック」とも呼ばれる2003年調査の結果は，読解力（読解リテラシー）の相対的な順位低下（読解力8/31位⇒14/40位）が半ばひとり歩きする形で受容され，与党からの批判も高まる中で文部科学省は読解力向上に向けた対応を打ち出すこととなった。基礎学力の低下を端緒としてはじまった学力低下論争は，PISA調査の影響を受けて，基礎学力とPISA型学力（応用力）双方に対応する「確かな学力」の向上を図るものへと学力政策を転換させたのである（松下編，2010）。

「生きる力」の「知の側面」に位置づけられた「確かな学力」は，2007年の学校教育法改正により，「学力の三要素」（①～③）として法定化されることとなった（第30条2項。中学校・高校他は準用。下線及び○数字は引用者による）。

　前項の場合においては，生涯にわたり学習する基盤が培われるよう，①基礎的な知識及び技能を習得させるとともに，これらを活用して課題を解決するために必要な②思考力，判断力，表現力その他の能力をはぐくみ，③主体的に学習に取り組む態度を養うことに，特に意を用いなければならない。

高校教育に関しては，2014年の中教審答申「新しい時代にふさわしい高大接続の実現に向けた高等学校教育，大学教育，大学入学者選抜の一体的改革について」（「高大接続改革答申」，p.6）において，学力の三要素に対応した高校段階における三要素を示されている。高等教育では

2008 年中教審答申「学士課程教育の構築に向けて」において,「学士力」(1. 知識・理解, 2. 汎用的技能, 3. 態度・志向性, 4. 総合的な学習経験と創造的思考力) が示された。生きる力と学士力とは共通点を多く含んでおり, 初等教育から高等教育までの学校教育を通じて身に付けることが望まれる資質・能力が一体的に把握されるようになったと理解することができる。こうした変化は, 初等中等教育と高等教育との接続関係がこれまでは選抜・断絶型だったのに対して, 連携・接続型へと移行したものと指摘されている (小川, 2019)。

4. 学校教育をめぐる力学を研究する－教育行政学

さて, ここまでみてきたように, 学校教育といってもその制度や政策, 教育課程は教育領域の内外にある政治力学や国際的な評価の影響を受けて形作られていることがわかる。現在行われている教育活動が, なぜ (どのよう) に導入されたのか, を理解するためには歴史的・制度的あるいは政策的な文脈に対する視点を欠くことができない。教育行政学は, そうした学校 (あるいは教育) の内外に存在する諸力学が教育にどのような影響を及ぼしているのか, あるいはそうした力学に対して, 教育に関わる諸アクターがどのように対応してきたのかという点に注目しながら「教育に関する政策と行政」にアプローチする学問ということができる。

第 2 章で扱った教育社会学が教育現象を社会学の方法で分析する「方法の学問」とされるのに対して, 教育行政学は「領域の学問」であり, 教育行政領域を対象とした多様な方法による研究群の集合という特徴をもつ。したがって, 教育行政学は固有の方法論をもたないが, 対象に対してどのように接近するかという点で自由度の高い学問であり, 従来の伝統的な教育行政学の理論枠組みに加えて, 政治学, 行政学, 公共政策

学，経済学，歴史学等で用いられる理論や手法を用いた研究が進められている。どのような手法を用いるにせよ，教育という営為の特殊性を加味する点も特徴の一つであろう。

では，その対象となる教育行政とはなんだろうか。最も広く定義するのであれば「教育に関する行政」となるが，これでは具体性に欠く。もう少し詳細かつ限定的に述べるならば，政治によって決定された教育政策（目的）を法や制度の手続き・ルール，慣例等に従い，行政機関や教育機関とその執行実務に携わる官僚・職員集団の管理（経営）を通して実現する総体（小川，2010）ということはできよう。この場合，その主要な対象は①教育政策，②教育法・制度，③教育管理・経営ということになるが，①〜③を明快に区分することは存外に難しい。また，近年のガバナンス改革により，官僚や職員集団に属さない多様な関係者の参加が促されているし，政治家が教育政策を立案することも増えている（議員立法）。こうした点に鑑みると，実際の研究対象は上記の意味での教育行政とその外縁，ということになる。むしろ，「教育行政とは教育に関わる政治・行政・経営に関与する諸アクターの活動の総体」という動的な把握（ガバナンス）の方が適しているかもしれない。

このような定義を採用するならば，教育行政学の関心は，具体的な政策形成−決定過程の構造や政治力学，政策の実施過程における制度や政策の運用実態，政策評価や政策の効果分析など多岐にわたることとなる。

政策の基本的なプロセスは図6-2のようになっている。実際に政策課題として争点化するものは，図中のアジェンダ設定において政治や行政等によって認識され，定義されたものに限られる。また，どのように定義されるかによっても，その後の展開は異なっていく。先ほどの学力を例に挙げれば，基礎学力低下がマス・メディアによる報道によって，読

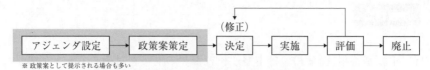

図 6-2　政策過程の段階モデル
出所：秋吉・伊藤・北山（2020）より筆者作成

解力の不足が PISA 調査の結果によって，政策的に対応すべき問題とし
て認識されたことで，その後の学力政策が修正（新学力→確かな学力）
されたわけである（仮に PISA 調査の結果が問題と認識されなければ，
学力政策は今とは違う展開を辿ったかもしれない）。

　教育政策・行政を学ぶ，あるいは研究する際に注意しなければならな
いのは，教育経験や実務経験を通じて得た問題意識・関心をきっかけに
学習を始めたとしても，それが社会的に認知され，政策課題となってい
なければ，研究するために必要となる資料・データは入手できないこと
である。とはいえ，学問の世界では潜在的な問題や関心を掘り起こすよ
うな研究が進められている。CiNii Resarch（https://cir.nii.ac.jp）や
Google Scholar のような学術情報検索サービスを利用して，関心のある
テーマについてどのような研究が行われているのかを調べることで学習
を深めることができる。初学者にとっては難解な内容も含まれるが，こ
こでは学会誌（日本教育学会や日本教育行政学会など）にチャレンジす
ることを推奨しておきたい。

学習課題

1. 中教審答申「『令和の日本型学校教育』の構築を目指して～全ての子
   供たちの可能性を引き出す，個別最適な学びと，協働的な学びの実現～」
   を読んで，学校教育の今日的課題と展望について自分の考えを述べな
   さい。
2. 教育再生実行会議の提言から一つを選び，提言された内容がその後
   どのような形で教育政策として実現したのか，提言と実際の政策との
   異同を論じなさい。

引用文献

秋吉貴雄・伊藤修一郎・北山俊哉（2020）『公共政策学の基礎［第三版]』有斐閣

天笠茂（2011）「今日の学力政策と教育経営の課題」『日本教育経営学会紀要』第 53
　　号，pp.2-12

天笠茂（2019）「教育課程企画特別部会に関する研究－平成 29 年告示学習指導要領
　　を中心に－」『千葉大学教育学部研究紀要』第 67 巻，pp.259-266

小川正人（2010）『現代の教育改革と教育行政』放送大学教育振興会

小川正人（2019）『日本社会の変動と教育政策－新学力・子どもの貧困・働き方改
　　革』左右社

松下佳代編（2010）『〈新しい能力〉は教育を変えるか－学力・リテラシー・コンピ
　　テンシー』ミネルヴァ書房

山田恵吾・藤田祐介・貝塚茂樹編著（2015）『学校教育とカリキュラム（第三版)』
　　文化書房博文社

7 | そのスマホ，使いやすいですか： 認知心理学

| 高橋秀明

《**学習のポイント**》　私たちは日常生活を送る際に，人工物を使う，人工物を
デザインするということを繰り返し行っている。これは，使いやすさ（ユー
ザビリティ）研究やユーザ体験（UX）研究が対象にしてきたことであり，認
知心理学が多大に貢献してきた。このことを具体的に検討しながら，認知心
理学へといざなう。
《**キーワード**》　認知心理学，日常生活，人工物，道具，言語，使いやすさ，
ユーザ体験（UX）

1. はじめに

　はじめに，読者には，この章を読むことになった経緯を振り返ってほ
しい。
　本書は放送大学の科目であるので，その受講生として，本書を読み進
めて，本章に到達した，という読者が多いであろう。放送大学とは，日
本の大学の一つであり，決められた教育制度に従って運営されている。
そして，本書は放送大学の印刷教材であるが，放送教材や通信指導，そ
して最後の単位認定試験や質問箱といった教授学習のシステムの一部を
担っている。教授学習システムを広義に考えると，放送大学の組織とし
ての学生サポートセンターや障がいに関する学生支援相談室も含まれ，
各種の支援を担っている。これらのことは，まさに，教育学・心理学・
臨床心理学が研究対象としていることの一部であると言える。
　本書，放送大学の印刷教材は人工物（artifact）である。人工物は物

理的な物であるが，その表面には言語や図や写真も使われており，私たちは，その物を触ったり，持ち運んだり，ページをめくったりして使うばかりか，印刷教材に書かれていることを見て，読んで，必要に応じて何度も読み返して，もちろん，ノートと筆記具という別の人工物を使って，学習活動もしながら，というようにして，この印刷教材という人工物を使っているわけである。

　このように，私たちは，さまざまな人工物を使いながら，日常生活を営んでいる。逆に言うと，私たちは日常生活を送りながら，さまざまな人工物を自ら開発したり，購入したりして，日常生活を支障なく，当たり前のように送ることができるようにしてきている。当然のことながら，人工物は，私たちの日常生活の衣食住のすべての面で存在しているし，仕事の場面ばかりでなく，余暇や趣味の場面でも存在している。人工物は，産業と呼ばれる営みで生産されている。

　ここで人工物を自ら開発する，とは，文字通り，ゼロから新しい人工物を開発するということもあるが，むしろ，既有の人工物に加工する，既有の人工物の使い方を変化させる，その使い方に工夫を加える，ということも含まれている。人工物を購入する，とは，全くの新製品を購入することもあるが，むしろ，今まで使っていた人工物の類似品を購入する，その際に今まで使っていた人工物を廃棄する，ということも含まれている。もちろん，廃棄する前に，修理して使い続けるなど，メンテナンスの面も含まれている。これは，身近な人工物に限らず，日常生活の基盤となる各種のインフラのメンテナンスも含まれる。そして，人工物は，緊急時（自然災害や戦争など）には破壊されてしまうものでもある。もちろん，緊急時に，人工物が役立つということもある。人工物をどこかに忘れてしまって困る，ということもよく体験する。人工物の中でも電化製品は，電源を確保しておくことも前提になっている。

　本章では，私たちと人工物との関係について，主に，心理学の観点から検討することを通して，認知心理学（cognitive psychology）へのいざないとしたい。

2.　人工物とは

　私たち人間に限らず生物は，いわば自然物としてこの世に生を受ける。生命体も，他の生命体から見れば物として存在している。

　新生児は自ら生き抜いていくことは不可能である。養育者が新生児を育てていくわけである。具体的には，養育者は新生児に対して，風呂に入れて身体を清潔に保つ，服を着せる，食べ物を与える，寝かせる。このような衣食住に関わるすべてのことに人工物は使われる。入浴には浴槽やシャワー，温水や石鹸，手拭いなどが使われる。服は，一定の生地やボタン・ジッパーなどの部品が組み合わされて製造されている。食べ物は，狩猟によって獲得された物を除くと，ほぼすべてが人工物である。農業や水産業によって食べ物が生産されるばかりでなく，加工食品と言われるように工業によって食べ物が生産されている。新生児を寝かせるためには，布団やベッドが使われる。布団やベッドは家屋にある。家屋も町中にあり町には道がある。いずれも，人工物である。

　新生児は，育てられる存在から，自らを律する存在へと変化していく。発達である。寝ている状態から，1年ほどをかけて，起き上がり，ハイハイをして，立ち上がることができるようになる。乳児から幼児にかけて，服は自分で着ることができるようになる。食べ物も，自ら箸や食器を使って食べることができるようになる。寝かせてもらう存在から，自ら寝るようにもなる。同時に，言葉を使うこともできるようになっていく。言語はいわば認知のための道具と見なすことができる（ここで，やや専門的な議論になるが，ヴィゴツキー（Vygotsky, 1979）の「心理的

道具（psychological tool）」の概念を参照することもできるだろう。つまり，言語は，他人とのコミュニケーションや思考のための道具である，という考え方である）。

　そして総括的に述べると，知情意のすべての面での発達は，生涯にわたって続いていく。つまり，生涯発達である。

　私たち人間が自らを律する存在になるためには，さまざまな人工物を自ら調達することができるようになる必要がある。つまり経済的に自立した成人になるということである。そのためには，仕事をして生計を立てる必要があるが，仕事の場面でも，人工物を使うことが必須である。つまり，産業には，各種の道具や機械という人工物が使われるので，それぞれの産業に従事するためには，それらの道具や機械を使いこなす必要がある。そうして，現代は情報化社会と言われるように，情報通信技術（ICT：Information and Communication Technology）の発展が目覚ましく，コンピュータに代表される情報通信機器を使いこなすことも当たり前になっている。多くの読者がスマートフォン（スマホ）を使っているだろうが，スマホは立派なコンピュータである。

　情報通信機器は，それ自体で各種の情報処理を行うので，認知的人工物（cognitive artifact）と言われる。ただし，道具というものを振り返ってみると，その道具の中に，認知的な機能が結晶化された側面も無視できないので，すべての人工物は認知的人工物であると考えることもできることは指摘しておきたい。たとえば，ハンマーを考えてみよう。ハンマーで釘を叩くという一見単純な場面であっても，釘の材質，釘が打ち込まれる木材の材質や大きさや向きによって，ハンマーでの叩き方は異なってくる。ハンマーの叩き方が異なるのは，釘の材質や木材の特性を私たちが認知して，叩き方を変えているからである。そのようなさまざまな叩き方に対応するだけのデザインが当該のハンマーに込められてい

る，つまり，認知的な機能が結晶化されているデザインである，ということである。

　このように，私たち人間の日常生活を振り返ってみると，さまざまな人工物を使いながら日常生活を営んでいることが分かるだろう。地球上では極地に住んでいる人々を除くと，自然物に接しないで生活していることも当たり前になっていると言っても過言ではないであろう。

3. 人工物を使う

　ここまで「人工物を使う」と素朴に表現してきたが，心理学の用語を使いながら，「人工物を使う」という心理的過程を詳しく説明してみよう。食事をするという場面を例にしてみる。ここで「心理学の用語」は「構成概念 construct」と言われることを急ぎ付け加えておこう。心理学の研究対象は「心」という捉えどころないものであるので，研究者が作り上げた概念という意味である。

　私たちが食事をする理由，つまり心理学用語で「動機づけ motivation」は何であろうか？　私たち人間も生物であるので，生命の維持，つまり，生理的欲求である。水分が不足して，脱水症状が続けば，私たちは死んでしまう。空腹の状態が継続すれば，私たちは餓死してしまう。それでは，食事をする動機は生理的欲求だけであろうか？

　そこで，食事をする場面をさらに詳しく検討してみると，食材，調理器具，食器，一緒に食事をする他人，などによって，食事をする動機に違いがあることが分かってくる。食材，調理器具，食器という人工物には，ブランドと呼ばれる人工物が存在している。また，たとえば，栄養面から食材を決める，SDGs の観点からプラスチックの食器は使わないといったようなこともなされている。さらに，一緒に食事をする他人によって，食事をする場所を変える，ということもしている。これらのこ

とから，食事をする動機として，社会的欲求や自己実現までも想定することができることが分かってくる。

　つまり，人工物を使うということには，人工物を消費して動機を満たすということばかりでなく，特定の人工物を使うという経験によって自己実現が達成されるということまでも含まれる，ということである。さらに，最近のSNSの利用によって「映える食事」ということも起きている。これは，新製品としての人工物への好奇心や，感性に訴える人工物として解釈することができるだろう。このことは，飽きられてしまう人工物もあることとの裏腹の関係にあるといえる。

　食事をするという場面には，以上のような「動機づけ」や「感情／感性」の側面ばかりでなく「認知」の側面もある。つまり，外界を認識し判断し行動するという認知過程（cognitive processes）が作用している。外界にある自然物や人工物を見て食物であるのか否かを判断する，食物であると判断すればその食物を手で持って口に運ぶという行動をして食物を摂取する，つまり，食事をする，ということである。

　ここで，食べ物によっては手で持つことはせずに，箸で摘んだり，ナイフとフォークを使って適当な大きさに切ったり，スプーンに掬ったりする。これは，そのままでは食べにくいだろうと判断して，適切な道具を使用して食べやすくしているということである。食事の前後には「いただきます」「ごちそうさまでした」と言う。公式な場面で食事をするという時には，テーブルマナーを守るということさえもしている。箸の持ち方を矯正したいと思っている読者もいるだろう。これらは，自分自身の認知過程を振り返り（モニターし），自己制御（セルフ・コントロール）することであり，メタ認知（metacognition）と言われる。

　このような認知過程は，認知心理学の研究対象である。その際に，認知過程を情報処理（information processing）と捉え，情報処理モデル

（information processing model）で解釈するのが一般的である。図 7-1
に，情報処理モデルの概念図を示しておく。

　情報処理モデルは，人間の認知過程をコンピュータにおける情報処理
を参照して構築されたものである。外界から刺激が感覚器を通して入力
される。その情報は感覚記憶（sensory memory）に貯蔵されるが，そ
の多くは忘却される。注意された情報のみが，短期記憶（short term
memory）に貯蔵される。注意とは，情報の選択と統合の結果である。
短期記憶に貯蔵された情報は，長期記憶（long term memory）内の情
報と相互作用して，処理がなされる。そして，外界に，反応が出力され
る。短期記憶は貯蔵と処理とを司っているので，作業記憶（ワーキング
メモリ）（working memory）と言われることも多い。これらの情報処
理全体に影響を与える系として情動，感情，感性，動機づけ，メタ認知
を想定する場合もある。

　長期記憶には，さまざまな情報が貯蔵されている。意味記憶
（semantic memory）と言われるが，概念の意味が知識（knowledge）

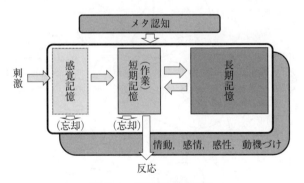

図 7-1　情報処理モデル

として保存されている。そこで，たとえば，図7-2のようなネットワークが想定される。ここまで「食事」を例にして説明してきたが，「食事」という概念から連想された他の概念のネットワークの例である。

　食事をすることを例にして認知心理学について説明してきたが，食事をすることは，心理学の他の領域とも関連している。すでに検討してきたように，私たちは普通に食事するために，さまざまな知識や技能を学

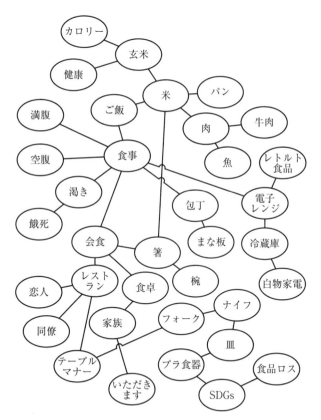

図 7-2　長期記憶内の知識のネットワーク

習して獲得してきている。これは発達心理学や学習心理学の研究テーマである。食育という概念がある通り，教育心理学の研究テーマでもある。また，一緒に食事をする他人という観点を紹介したが，社会心理学の研究テーマでもあることになる。

　さらに，心理学以外の研究領域とも関連している。食事をすることに関わる人工物が，各種の産業領域と関わりがあることを検討した通り，各種の産業を支えている，工学や自然科学の諸領域，社会科学の諸領域，さらには，食事の歴史ということを考えると人文科学の諸領域まで関連している。食事を例にしたが，そもそもは私たちの日常生活が，科学技術の恩恵にあずかっているわけである。

4. 人工物をデザインする

　ここまで「食事をする」ということを例にして，人工物とは何か，人工物を使うとは心理学的にどのように捉えることができるのか検討してきた。

　ここで，読者に問いたい。ここまで，素直に読み進めることができたであろうか？　できた読者は，どうしてできたのか，振り返ってほしい。できなかった読者も，どうしてできなかったのか，振り返ってほしい（もっともできなかった読者は，本節のこの文を読んでいない可能性は高いが）。

　以上の問いは，本印刷教材を読んでいる読者に対する，既述したメタ認知に関する問いである。

　まず，本章は「心理と教育へのいざない」という科目の印刷教材の一つの章である。放送大学の教材として執筆されこのように書籍という物として製作されているが，教材としては，さらに放送教材も合わせて，受講生に提供されることを前提としている。放送大学の教材も，立派な

人工物である。放送大学の教育と学習という観点からは，人工物というよりも「サービス」として捉えた方が分かりやすいかもしれない。いずれにしても，印刷教材を読んで理解する，ということも立派に「人工物を使う」事例である。

　印刷教材を読むとは，認知心理学では「文章理解」というテーマで研究されてきたし，現在も研究されている。印刷教材には，文字だけでなく，図表や写真なども使われているので，「マルチメディア情報の理解」という方が正確である。さらに，文学作品を読む，絵画を鑑賞する，という例で分かる通り，単なる認知的な理解に留まらず，感情や感性に関わる研究も大いに関連している。

　印刷教材は書籍である。つまり，書籍としての人工物という意味では，物理的に一定の重さがあり，一定の大きさがある，そのような人工物である。そこで，印刷教材は重いので，裁断しスキャンしてPDFファイルにして，通勤時間に放送教材を学習しているという学生もいる。

　一方で，印刷教材は，視覚障害者にとっては使いにくい，そもそも使えない人工物である。つまり，ユニバーサルデザインの観点からは欠陥品ということである。そこで，印刷教材のテキストデータ（本文のみ）を，希望する受講生に提供するサービスを放送大学として実施している。

　健常者の文章理解においても，その文章がどのような物理的な特性で示されているかによって，理解に影響を及ぼす。小さい文字は読むことが困難になる。使われているフォントの種類，文字の色，文書における文字列の配列の仕方などによって理解に影響をもたらす。文書のデザイン，さらには，書籍の装丁ということである。

　以上のことは，人工物のデザインつまり設計ということで，長い歴史がある。大袈裟に言えば，人類の歴史とともにあるとも言える。ここま

で触れてきた人工物としては，ハンマーの歴史，食器の歴史，ハンマーや食器を製作するための工作機械の歴史，書籍の歴史，情報端末の歴史ということである。

　このような人工物のデザインの歴史の大部分は，実務としての歴史である。職人や専門家がそれぞれの人工物を設計し，製作された人工物が流通していたわけである。情報通信機器のデザインについては，情報端末という用語に端的に示されているように，一般人が「端末」を利用することが当たり前になり，誰にでも利用しやすい機器を設計する必要性が高まっていると言える。そのような一般人は「ユーザ」と言われるが，ユーザの立場で情報機器を設計するということで，「人間中心設計（human centered design）」と言われているので，節をあらためて検討を続けたい。

　その前に，本節は，読者への問いから始まったが，あらためて，人間中心設計の観点から考えてみたい。読者への問いは，本章をここまですんなりと読んできたか？　ということであった。

　文章を読む際に，私たちは，単純に読むという行動をしているのではない。一読して理解できない場合，同じ文章を再読する，それでも分からなければもう一度読んでみる，それでも分からない場合には，その理由を考えてみる。使われている用語に知らない用語があれば，その用語をネットで調べてみる。少し前まで戻って，ゆっくりと読んでみる。最後には，分からない部分はそのままにして，次の節や章に進む，ということまでしてしまう。あるいは，書かれている内容を図解してみることもする。逆に，たいへんよく分かり，つまり，書かれていることに納得すると，その部分に下線を引いたりマーカで目立たせる，ということもする。

　これらのことは，私たちがユーザとして自発的にしていることであ

る。つまり，人工物の使い方を少しずつ変化させて，その場面に応じた使い方を工夫している，ということである。つまり，人工物をユーザとして使うということには，人工物をデザインしなおす，再デザインする，ということが同時になされている，と言うことである。人工物をリ・デザインするというわけである。

5. 使いやすさ，そして，ユーザ体験 UX へ

人間中心設計とは，人工物のユーザの観点から人工物を設計することを言う。これに対して，職人や専門家の観点から人工物を設計することは，その時々の最先端の技術の観点から設計するので，「技術中心設計」と言われる。技術中心設計で開発された人工物であっても，実際に利用する人が職人や専門家であれば，その人工物を使う際に大きな問題になることは少なかったと言える。

科学技術の民主化と言われるが，ICT に限らず，あらゆる科学技術は専門家が独占するものではなく，一般人にも開かれているべきものであり，実際に一般人に開かれるようになっている。そのため，使いにくい，分かりにくい，安全でない人工物の存在に焦点が当てられて，人工物の使いやすさの問題が重視されるようになってきた。さらに，ユニバーサルデザインの考え方も重視されるようになってきている。逆に言うと，私たちの日常生活のあらゆる場面に，科学技術の成果が取り込まれているわけである。

さらに，科学技術の国際化も進んでいる。同時に産業の国際化も進んでおり，世界の貿易も盛んである。我が国は東アジアにあるという地政学的な観点から，科学技術や経済にまつわる安全保障の問題もあるが，本節では指摘するのみとする。

ここでは，国際標準化機構 ISO による規格である，人間中心設計の

国際規格について簡単に触れておく。ISO の標準に従って人工物をデザインすることで，使いやすい人工物が作り出されると言える。

　まず，人間中心設計への歴史について，安藤（2016）があげている図 7-3 が参考になるので簡単に紹介しておきたい。

　人間中心設計の国際規格は，1999 年の ISO 13407 の発行が大きな出来事であったが，それまでに，人間工学（ergonomics/human factors），ユーザインタフェース（user interface），工業デザイン（industrial design）という大きな歴史があった。前節で，人工物のデザインの歴史の大部分は，実務としての歴史であると書いたが，その歴史の流れが，図 7-3 の工業デザインに繋がると捉えることができる。

　心理学との関わりということでは，主に，産業心理学が人間工学に，

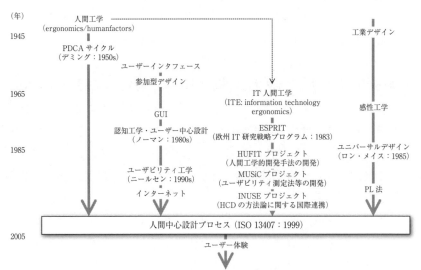

図 7-3　人間中心設計の歴史
（出典　安藤昌也（2016）．UX デザインの教科書．丸善出版．p.16）

認知心理学がユーザインタフェースそして認知工学に，それぞれ関わってきたと捉えることができる。

　人間工学の流れは2つに分かれているが，右側のIT人間工学以下は，主にヨーロッパの研究プロジェクトの流れである。左側のPDCAサイクルは読者にも馴染みがあると思うが，主に品質管理の実務で使われてきた改善手法であり，計画（Plan）→実行（Do）→評価（Check）→改善（Action）の頭文字から名付けられたものである。

　ISO 13407は，2010年に改訂されて，ISO 9241-210になったが，この間に，「ユーザ体験」の考え方が取り入れられたわけである。

　ここで「使いやすさ」「ユーザ体験」という用語が，ISOでどのように規定されているかを紹介しておこう。「使いやすさ」は「ユーザビリティ（usability）」の訳語である。ここでは，ISO 9241-11による規定を紹介する。この規格は，視覚表示装置を用いたオフィスワークのための規格である。日本語訳は，JIS Z-8521を参考にしている。

・ユーザビリティ：特定の利用状況において，特定のユーザによって，ある製品が，指定された目標を達成するために用いられる際の，有効さ，効率，ユーザの満足度の度合い。

　この規定のうち，「利用状況」「有効さ」「効率」「満足度」は次のように規定されている。
・利用状況（context of use）：ユーザ，仕事，装置（ハードウエア，ソフトウエアおよび資材），並びに製品が使用される物理的および社会的環境。
・有効さ（effectiveness）：ユーザが指定された目標を達成する上での正確さ，完全性。

・効率（efficiency）：ユーザが目標を達成する際に，正確さと完全性に
費やした資源。
・満足度（satisfaction）：製品を使用する際の，不快感のなさ，および
肯定的な態度。

続いて，「ユーザ体験」は，ISO9241-210 における規定を紹介する。
・ユーザ体験（user experience）：製品やシステム，サービスを利用し
た時，および／または，その利用を予想した時に生じる，人々の知覚
と反応のすべて。

なお，ユーザ体験は，原語から「UX」と言われることも多い。

　本章では「食事をする」という場面を取り上げたが，たとえば，読者
の多くは，食事をする場面で電子レンジを利用しているであろう。そこ
で，電子レンジの使いやすさ，ユーザ体験について検討してみよう。最
近の電子レンジも，ICT が取り入られて，タッチパネル方式で制御で
きるようになっている。
　まず，電子レンジの利用状況とは，自宅であれば台所にあるのか食卓
の上にあるのか，職場であれば給湯室にあるのか休憩室にあるのかとい
う設置場所や，職場であれば利用することのできる時間や利用すること
が想定されている人々といったような社会的環境から，電子レンジとい
う装置自体の大きさや重さ，タッチパネルでの情報表示の方式，タッチ
パネル以外の操作ボタンなど，当該の電子レンジが使われる具体的な利
用状況のことを言う。そして，たとえば，筆者である私というユーザが，
自宅で朝作っておいたスープを温めるという仕事（作業）をするという
ように，特定の利用状況において，電子レンジを使う，ということを想

定している。その際に，最適の温度にスープを温めることができたか否かという有効性，スープが入ったカップを電子レンジに入れてボタンをポンと押し「チン」と音がして電気が消えてカップを取り出すという効率，実際にスープを飲んでみてちょうど良い温かさで快適であったという満足度を，それぞれ想定できるであろう，ということである。

　レトルト食品を「500Wで2分間」温めるという指定があった場合には，すぐに電子レンジを使うことができるだろうか？　筆者はまずは取扱説明書（マニュアル）を見ないと分からないと思うが，それではマニュアルはどこにあるか探すだけで時間がかかってしまう，つまり，この利用状況においては，電子レンジを使うのは効率が極めて悪く満足度も低くなってしまうことが予想されるために，たとえば，鍋でお湯を沸かしてレトルト食品を入れて温める，という方法を使うであろう。

　最近は，メーカーがサイト上で電子レンジを使ったレシピを公開していることも当たり前になされているが，たとえば，電子レンジを使う際に美味しく仕上げるために，食材に「フワッとラップをかける」という表現に出会う。そうすると，実際に電子レンジを使う前から調理をすることをイメージし，出来上がりの結果までも想像して唾液を飲み込む，ということも体験する。これは，文字通りのユーザ体験であろう。

　このように，使いやすさ（ユーザビリティ）という概念が，ユーザ体験（UX）という概念に拡張された，ということができるであろう。

6. おわりに

　本章では，人工物を使う，人工物をデザインするということを検討することを通して，使いやすさ（ユーザビリティ）研究について紹介しながら，認知心理学が日常生活の行動や心理に関わっていることを示してきた。使いやすさ（ユーザビリティ）研究やユーザ体験研究それ自体に

ついては，本章では詳しくは触れていないが，最近の ICT の進展に伴って，精力的に研究が進んでいることは事実である。

　本章の最後に，人工物は「物」に限定されないことは再度述べておきたい。つまり，物はその姿形があるばかりか，物には言語を付けることができるので，「事」としても扱われることになる。本章で触れた「サービス」というのは「事」として捉えた方が良いであろう。

　私たちは，そのような人工物を生み出してきて，この世の中に流通させて，それらを使ってきた。その繰り返しの中で，慣習やしきたりも作り上げられてきたが，それらは「法」として発見されるものである。もちろん，法律や決まりを，私たち自身が作りながら，日常生活を営んでいることも事実である。

　我が国は民主的な国家であり，自由な国家である。私たちは，これから，どんな国家や世界を作りたいのか，読者に開かれた問いである。

学習課題

1.　スマホを使っていて，使いにくい点をあげてみよう。スマホを持っていない場合には，コンピュータなどの情報端末の使い方を振り返ってみよう。
2.　緊急時に役にたった人工物をあげてみよう。逆に役に立たなかった人工物をあげてみよう。

引用文献

安藤昌也（2016）．UX デザインの教科書．丸善出版

Vygotsky, L. S. (1979). The instrumental method in psychology. In J. V. Wertsch (Trans.& Ed.), *The concept of activity in Soviet psychology*. M. E. Sharpe. pp.134-143.

8 | 主体的に学ぶということ：教育心理学

進藤聡彦

《学習のポイント》　この章では教育心理学がどのような研究分野なのかについて概観した上で，教育心理学の視点から主体的な学びということについて考えていく。特に，学習の過程を自分自身で調整しながら，主体的に学ぶ学習を自己調整学習というが，この自己調整学習に焦点を当てる。併せて，自己調整学習の基盤となる学習への動機づけについても触れていく。
《キーワード》　教授・学習過程，自己調整学習，学習方略，動機づけ

1．教科学習についての心理学

（1）教育心理学の対象

　教育心理学は，教育に関わるさまざまの面の人の心理や行動を理論的，実証的に解明し，教育の改善に役立つ知見を得ようとしている。

　しかし，教育心理学と聞くと，いじめや不登校の問題を取り上げる研究分野だろうと考えている人は多い。たしかに教育心理学では主に学校教育に関わる問題が取り上げられ，その中でもいじめや不登校といった臨床心理学に関連した問題も主要な研究テーマの1つになっている。ただ，それだけが教育心理学の研究対象ではない。例えば教師のリーダーシップのタイプと学級風土（学級の雰囲気）との関連といった社会心理学に関連した研究もある。また，自己肯定感の規定因の解明といった人格心理学に関連した領域もあれば，教科の学習の問題を取り上げる認知心理学に関連した教授・学習過程の研究もある。そして，障がいのある子どもたちの発達や教育についての研究も行われている。さらには，教

育に関わる心理や行動の測定や評価について数量的な分析手法の開発や理論の構築を目指す研究領域などもある。

このように，学校教育に限っても教育心理学では教育についての幅広いテーマの研究が行われている。

（2）自己調整学習の諸側面

上記のように教育心理学の対象は幅広く，その中には教科の教授・学習過程に関する研究もある。ここでは，近年この領域の多くの研究が注目している自己調整学習（self-regulated learning）について取り上げる。

自己調整学習とは，「学習者が設定した目標の到達に向けて意図的に自分自身の認知，感情，行動に働きかけ，それを維持する過程」などと定義される（Zimmerman & Schunk, 2011）。つまり，学習者が学習内容の理解などの目標に到達するために，自分自身の認知や感情，行動を自らの意思に基づいて自律的に制御しながら行う学習が自己調整学習である。したがって，効果的な自己調整学習ができることは，2017（平成29）年告示の小中学校の学習指導要領（高校は 2018 年告示）で重視されている「主体的・対話的で深い学び」の中の，「主体的な学び」を保証するものでもある。

自己調整学習には多様な側面がある。例えば，試験に備えて学習するような場合，学習に取りかかる前の計画段階では，「今日は数学の教科書の〇ページまでの内容を理解しよう」といった目標を設定することがある。これも他者から与えられたものではなく，自らの選択によって目標の設定をしていることから自己調整学習の一側面となる。その際に，「とにかく問題集の問題をたくさん解いてみよう」というのは学習法についての自己調整である。また，「長時間，連続して勉強すると飽きて

しまうから，1時間勉強したら休憩を入れよう」といった動機づけの仕方に関連したことも自身の動機づけが維持されるような工夫を自らしようとしていることから，これも自己調整学習の1つの側面である。

さらに，実際に学習を行う遂行段階での自己調整的な活動について，数学の予習をする場合で考えてみる。まず，教科書を読んでみて理解できたか自身の理解の状態を見取って（モニターし，評価して），もし理解できていないと判断すれば，「もう一度教科書を丁寧に読んでみよう」とか，それが文章題であれば，「問題で問われている状況が明確になるように図を描いてみよう」とすることがある。こうした一連の過程は自分自身で自分の学習を指導する自己指導といえるものであり，自己調整による学習といえる。

また，いくら考えても問題が解けないこともある。そうした場合には，明日，先生や数学の得意な友だちに聞いてみようと考えることもある。こうした援助要請も自分自身の理解を促進するために外部の人的資源を自発的に求めようとする活動であることから，自己調整学習の一部である。

勉強を終えてその日の学習を振り返る省察段階では，十分に理解できなかった場合，ガッカリしてしまうことがあるかもしれない。また，自分の能力に悲観的になってしまうこともあるだろう。こうした場合でも，気を取り直して理解できなかったのは自分の能力ではなく，勉強の工夫が足りなかったためだとか，努力が足りなかったためだと考えて，次回の勉強に向かうこともある。これらは感情や動機づけの自己調整といえる。このように考えると，自己調整は学習の過程すべてに関わっていることが分かる（図8-1）。そして，自己調整学習ではいかに学習にとって有効な自己調整ができるかということが問題になる。例えば，計画段階で実現できそうもない目標を立てたり，遂行段階で学習にとって

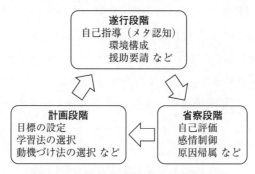

図8-1　自己調整学習の各段階の要素
（Zimmerman, 2011 を改変）

有効ではない方法で学習したりしても効果は上がらないからである。

2. 自己調整学習とメタ認知

（1）2つのメタ認知的活動

　先に自己指導と呼んだ認知過程をメタ認知という。したがって，メタ認知は学習中の自己調整に大きな役割を果たしていることになる。メタ認知は，メタ認知活動とメタ認知的知識に分類されることがあるが，メタ認知的活動のうち，自分自身の理解や記憶の状態を自分自身でモニターし，評価する認知活動をメタ認知的モニタリングという。理解についてのメタ認知的理解モニタリングでは，学習をしていて学習内容の理解ができているかをモニターした結果，「理解できた」と評価する場合もあれば，「理解できなかった」と評価する場合もある。また，「理解できたのか，できなかったのかよく分からない」という場合もある。もし，本当に理解できていて「理解できた」と評価したり，理解できていなくて「理解できなかった」と評価したりすれば，それらはいずれもメタ認知的理解モニタリングが的確に行われたということになる。

　逆に実際には理解できているのに「理解できなかった」と評価したり，理解できていないのに「理解できた」と評価したりするような場合は，メタ認知的理解モニタリングが的確に行われなかったということになる。また，「理解できたのか，できなかったのかよく分からない」という状態は，メタ認知的理解モニタリングがうまくできていないということになる。

　記憶についてのメタ認知的記憶モニタリングもある。学習内容を記憶して，自分では憶えたつもりでも実際に思い出そうとすると思い出せないような場合には，メタ認知的記憶モニタリングが的確ではなかったことになる。

　メタ認知的理解モニタリングが的確に行われず，理解できていないのに理解できたと評価すれば，不十分な学習に留まってしまうし，理解できているのに理解できていないと評価すれば，必ずしも必要のない学習を過剰にすることになってしまう。

　一方，前述の数学の文章題を解くときに，図を描いて問題で問われている状況を把握しようとするといったことは，自分の理解を促進するために効果的だと思う学習方略（学習の仕方）を選択し，学習活動に適用していることを意味する。こうした働きをメタ認知的コントロールという。これがメタ認知的活動のもう１つの要素である。メタ認知的活動は，自分自身の理解や記憶の状態をもう一人の自分がモニターして評価したり，理解や記憶を促進するための有効な方法を使うように指示したりするイメージである（図8-2）。

（２）メタ認知的活動を支えるメタ認知的知識

　メタ認知的活動を支える役割を果たすのがメタ認知的知識である。メタ認知的知識は，人一般や個人（自分自身）の認知特性についての知識，

図 8-2　メタ認知的活動のイメージ

学習方略についての知識，課題についての知識に分類されることがある
（三宮，2018）。このうち，人一般や個人の認知特性についての知識の例
としては，「人間の記憶というものは，覚えにくくて，忘れやすいもの
だ」とか，「ぼくは抽象的に考えるのは苦手だ」などといったことが挙
げられる。

　学習方略に関する知識は先に挙げた「数学の文章題は，図を描いてみ
ると問われている状況が把握しやすくなる」のように具体的な学習の仕
方に関する知識である（学習方略については次節で改めて取り上げる）。

　また，課題に関する知識とは「割合の問題では，比べられる量ともと
にする量を間違いやすい」などの課題固有の性質についての知識であ
る。

　このようなメタ認知的知識に基づいて，メタ認知的コントロールやメ
タ認知的モニタリングが行われるので，先に述べたようにメタ認知的知
識はメタ認知的活動を支えるものと捉えることができる。メタ認知に関
連する諸要素間の関係を図 8-3 に示す。なお，本章ではメタ認知的知識

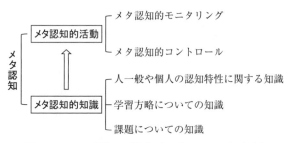

図 8-3　メタ認知の構成（三宮，2018 を改変）

を含めてメタ認知としたが，メタ認知を認知活動という面に限定し，メタ認知的知識をメタ認知から除外する考え方もある。

3. 学習方略と「深い学び」

（1）学習方略の学習への影響

　メタ認知的コントロールとは，自分が効果的だと思う学習方略を選択し，学習活動に適用することであった。したがって，メタ認知的知識として実際に効果のある学習方略をもっていることが学習を進める上で重要になる。

　中高校生が英単語を覚える場合，その覚え方は表8-1のように3種類に分けられるものであった（内田，2021）。「関連づけ方略」は，単語どうしやその単語と関連する知識を結びつける方略である。「表現・活用方略」は単語を何らかの形で表現したり，使ってみたりする方略である。例えば，当該の単語を使った文を作ってみるといった方略がこれに該当する。「反復方略」は他の知識と結びつけることなく，何度も繰り返して覚えようとする方略である。

　知識が関連の他の知識と結びついて構造化されるような学習が，先の「主体的・対話的で深い学び」の中の「深い学び」の一側面であること

表 8-1　英単語の学習方略の種類（内田，2021 から作表）

方略の種類	項目内容
関連づけ方略	・1つの単語のいろいろな形（名詞形・動詞形など）を関連させて覚える ・新出単語を見たら，知っている同意語や反意語がないか考える
表現・活用方略	・新しく学んだ単語を，頭の中で状況を想像して使ってみる ・学習したばかりの単語の例文を自分で作る
反復方略	・何度も繰り返し単語を見たり，書いたりする ・何度も単語を発音して覚える

から，他の知識と関連づけられることがない「浅い学び」の「反復方略」に比べて，「関連づけ方略」や「表現・活用方略」は「深い学び」になる。一般に「反復方略」のような学習による関連の知識と結びつけられない知識は，すぐに忘れてしまうため何度も繰り返さなくてはならない。また，「反復方略」は意味を伴わない学習になりがちなため，学習がつまらないものになってしまう。

（2）学習方略としての知識操作

　知識間の構造化による「深い学び」につながる学習方略の1つに知識操作がある。理数教科では，公式や法則などについて学ぶ。それらは「pならば（は），qである」といった形式をもつ一般化されたルールといえるような知識である。例えば，小学校算数の「円の面積は，半径×半径×円周率である」，理科の「植物のからだは，葉・茎・根からできている」などがルールである。知識操作というのは，この「pならばqである」（以下，p→q）を変形してみる学習方略である（工藤ら，2022）。

　小学校や中学校の理科では「金属ならば電気を通しやすい」ことを学ぶ。これも「p→q」という形式をもつ一般化されたルールである。知

122

識操作はこれを変形してみることであるから，例えば「電気を通しやすいならば，金属だ」としてみる。これは論理学でいう「逆・裏・対偶」のうち，元の命題の「逆」にあたる変形で，「p」と「q」を入れ替えて両者の関係を変えているので「関係操作」という。関係操作された命題についてインターネットで調べてみると，非金属の黒鉛からできている鉛筆の芯も電気を通しやすいことが分かり，ルールの洗練につながる新たな知識が得られる。

　また，「p→q」のpに鉄やアルミニウムなど，いろいろな金属を入れて（代入して），具体的な命題に変形する知識操作は「代入操作」と呼ばれる。代入操作によって，ニオブ，オスミウムといった聞き慣れない物質でも，それが金属だと分かれば，電気を通しやすいことが予想でき，その真偽を確かめようとする学習に発展するかもしれない。チョコレートの銀色の包み紙を「p」に代入操作して，電気が通りやすいか調べてみるような活動は，子どもたちにとってはおもしろいものとなるだろうし，ルールの事例も拡大する。「関係操作」にせよ「代入操作」にせよ，これらはいずれも元のルールに関連の新しい知識が結びついて構造化された知識が形成される「深い学び」をもたらす。

　知識操作にはこの他にも，「物の温度が上がれば，体積は増える」というルールに対して，「物の温度が下がれば，体積は減るか」のように「p」の値をある方向に変化させた場合の，「q」の値の変化を考える「変数操作」などもある。これは「p→q」の前件pと後件qの関連についての認識の強化につながる。なお，「関係操作」や「変数操作」には別のタイプのものもある。

（3）効果的な学習方略の使用実態
　先にメタ認知的コントロールは，手持ちの学習方略の中から効果的だ

と思う方略を選択・適用する過程であるから，学習にとって知識操作の
ような有効な学習方略についての知識をもっている必要があると述べ
た。このことに関連して，中学生を対象に定期テストに備えてどのよう
な学習方略で勉強しているかを尋ね，また教授・学習過程を研究する心
理学の専門家たちにどのような学習方略が有効かを尋ねた研究が報告さ
れている（吉田・村山，2013：吉田，2017）。両者の回答を対照すると，
中学生は専門家が有効だと考えている新たな学習内容と既有知識を結び
つけて知識間の構造化が図られるような学習方略を使用しているわけで
はないことが分かった。

　そして，なぜ中学生たちは専門家が有効だと考える学習方略を使用し
ないのかについての原因を探るために3つの仮説を立てて，検証を行っ
た。1つめの仮説は，有効な学習方略は分かっているが，面倒でコスト
（手間）がかかるから敢えて使わないという「コスト感阻害仮説」，2つ
めは学校の定期テストでは丸暗記でもある程度対応できるから，そうし
た学習方略を使用するという「テスト有効性阻害仮説」，そして3つめ
は専門家が有効だと考えている学習方略を有効なものとして認識してい
ない「学習有効性の誤認識仮説」である。

　調査結果は，概ね「学習有効性の誤認識仮説」を支持するものとなっ
た。つまり，中学生は専門家が有効だと考える知識の構造化が図られる
ような学習方略を有効なものとして考えていないのである。また，学習
方略ということ自体をあまり意識していないことを示唆する結果も得ら
れた。

　たしかに，これまでの学校教育では学習方略そのものに焦点を当てて
体系的，系統的に教えるといったことはあまり行われてこなかった。し
かし，中高校生を対象にした調査では6割強の生徒が学習の悩みとし
て，「上手な勉強の仕方がわからない」ことを挙げた（ベネッセ教育研

究所，2015)。こうした実態を踏まえれば，今後の学校教育では有効な学習方略の習得自体に焦点を当てた教育の必要性も検討しなくてはならない。

　なお，有効な学習方略をどう教えていけばいいのかについて，先行諸研究（例えば，Ghatala et al., 1985）からは，①学習効果に違いのある複数の学習方略を実際に試行させてみる，②学習方略の違いによって，学習効果に違いがあることを実感させる，③その結果に基づいて，有効な学習方略の習得が大切なことを意識させる，④有効な学習方略の定着のために，当該の学習方略が使える状況をつくり，使用頻度を高める，といった過程を経ることが効果的だと考えられる。

4．動機づけと自己調整学習

（1）動機づけの自己調整の方法

　興味や関心のあることについて学ぶことは知的好奇心を満たしてくれる楽しいものであるが，ときには興味・関心が湧かないことを学ばなければならないこともある。また，机に向かってもすぐに飽きてしまうこともある。こうしたときでも，自分自身を動機づけて机に向かえるようになることは望ましい。自分自身を動機づけることを自己動機づけという。第1節の（2）で述べたように，これも自己調整学習の一側面である。大学生を対象に，「自分の専攻の勉強をしている途中でやる気がなくなったときに，どのようにしてやる気を出すか」という自己動機づけ方略（自己動機づけの仕方）について尋ねた調査では，表8-2に示す5種類の回答が得られた。そして，それぞれの方略は後述のように特徴づけられるものであった（湯・外山，2019）。

　ところで，動機づけはその行動の目的の違いから内発的動機づけと外発的動機づけに大別されることがある。内発的動機づけとは，その行動

表8-2　大学生の自己動機づけ方略（湯・外山，2019から作表）

方略の種類	内容の例
興味高揚方略	内容の理解が進めば学習がもっと面白くなると自分に言い聞かせる 学習内容を自分の興味関心に結びつけて考える
遂行回避目標セルフトーク方略	学習しないと単位を落とすと自分に言い聞かせる やらないことで生じるデメリットを想像する
自己報酬方略	終わった後の自分へのご褒美を考える 終わった後にやりたいことをすると決める
義務強調方略	やらなければいけないという責任感を持つようにする やらないと大変なことになるという危機感を持つようにする
自己効力感高揚方略	自分にはできると思い込む 自分の今までの経験を振り返り，できると暗示する

自体を目的として行動が生じる場合であり，外発的動機づけとは別の目的のための手段としてその行動が生じる場合である。学習においては，数学が楽しいから勉強するといったことが内発的動機づけによる行動であり，数学の勉強をしないと親に叱られるから勉強するといったことが外発的動機づけによる行動である。後者は一般に外から与えられる賞の獲得や罰の回避が目的となる。上記の例では，親に叱られることを避ける罰の回避という目的を達成するための手段として勉強という行動が行われる。

　内発的，外発的動機づけの観点から表8-2の自己動機づけ方略を眺めてみると，「興味高揚方略」は内発的動機づけを高めようとしている。これに対して，「遂行回避目標セルフトーク方略」と「自己報酬方略」は，自ら賞や罰を想定して外発的動機づけを高めようとしている。この両者の違いは，「遂行回避目標セルフトーク方略」が失敗に焦点を当てているのに対して，「自己報酬方略」は成功に焦点を当てている点にある。また，「義務強調方略」は責任感や義務感の自覚によるものであり，賞罰に直接には結びつくものではないが，自らがあるべき規範に従うため

という要素を含んでおり，外発的動機づけの色彩が強い。

　一方，「自己効力感高揚方略」は内発的，外発的動機づけの特徴は明確ではない。自己効力感とは「自分はその行動ができる」という主観的な判断のことで，その行動ができないと判断すればやる気は起こらないため，動機づけにとっては重要な要因である。「自己効力感高揚方略」は，この自己効力感を高めようとする自己動機づけ方略である。

　いずれにせよ表8-2からは，大学生たちがいろいろな自己動機づけ方略を使って，気が進まないときでも机に向かおうとしていることがうかがえる。

（2）動機づけの促進・抑制

　第1節の（2）で，勉強をしても十分に理解できなかったときにその原因を自分には能力がないと考えるのではなく，勉強の工夫や努力が足りなかったと考えて動機づけを高めるという例を挙げた。自分には元々能力がないと考えれば，それ以上勉強する気持ちにはなれない。しかし，勉強の工夫や努力が足りなかったと考えれば，もっと勉強の工夫をしたり，努力をしたりしてみようとする。

　勉強をしても理解できなかったとか，テストでいい成績がとれなかったといった結果について，その原因を推定することを原因帰属というが，ワイナーは自分にとっての外的要因か内的要因かの「原因の所在」の次元，安定か不安定かの「安定性」の次元，そして統制可能か否かの「統制性」の次元の3つの組み合わせから原因の帰属先を8つのタイプに分け，各タイプの例を表8-3のようにまとめている（Weiner, 1979）。

　この表の枠組みで動機づけについて考えてみると，外的要因は自分だ

表8-3　成功・失敗の原因の帰属先（Weiner, 1979）

	内的		外的	
	安定	不安定	安定	不安定
統制不可	生得的な能力	気分	課題の難しさ	運
統制可	普段からの努力	直前の一時的努力	教師の偏見	他者の一時的援助

けではどうすることもできないため，次も学習しようとは思いにくい。
また，内的要因でもそのときの気分のような不安定な要因に帰属しても
次の学習行動につながらない。さらに内的で，安定的な要因のうち，（生
得的な）能力に帰属すれば，それは自分自身では統制できないので次の
学習行動は起こらない。一方，同じ内的で安定的な要因でも，普段から
の努力に帰属すれば，自分の意思で統制可能なため，次の学習行動につ
ながる。こうした考え方によれば，自己動機づけを高めるためには普段
からの努力のような内的・安定的で統制可能な要因に原因帰属すること
が必要だということになる。

　ワイナーの考え方は達成動機づけに関する帰属理論と呼ばれ，教育心
理学では有名な理論であるが，動機づけについて考えるときに第 4 節の
（1）で触れた自己効力感に関する理論も広く知られている。

　いくら数学の勉強をしても理解できないし，テストでもいい点がとれ
ないというようなことが繰り返されると，勉強という行動が理解できる
ようになることやテストでの高成績という結果と結びつかないため，勉
強自体をしなくなるようなことはありがちである。このように失敗経験
が積み重なると，「どうせやっても無駄だ」という「学習性無力感
(learned helplessness)」が形成され，その行動をしようとしなくなる
(Seligman & Maier, 1967)。

　これに対して，バンデューラは「もっと勉強すれば理解できるように
なる」というように「こんな行動を起こすと，目指す結果が得られる」
という目的とその手段の関係についての認識を結果期待と呼び，「自分
はもっと勉強できる」のように「自分ならその行動を成し遂げられる」
という当該の行動を遂行することへの自信についての認識を効力期待と
呼んだ。この効力期待は先の自己効力感とほぼ同じものである。バン
デューラは結果期待をもち，自己効力感（効力期待）が高いと，目指す

結果に向けた行動への動機づけが高まると考えた（Bandura, 1977）。こうした考え方を自己効力理論という。

　自己効力理論からは，学習への動機づけが起こるためには，結果期待を前提にして，自己効力感（効力期待）をもてることがポイントになるが，それには成功経験が必要になる。頑張って勉強した経験があれば，次も頑張れるだろうという認識がもてるからである。

学習課題

1. あなた自身が中学生や高校生の時に，どの教科でどのような学習方略をとっていたか思い出し，それが理にかなったものだったか本章の内容に照らして考察してみよう。
2. あなたが勉強や仕事で飽きてしまったときに，どのような自己動機づけをしているか考察してみよう。また，あなたの周囲の3名に同じ質問をして自分の方法と比べてみよう。

引用文献

Bandura, A. (1977). Self-efficacy: Toward a unifying theory of behavioural change, *Psychological Review, 84* (2), 191-215.

ベネッセ教育研究所（2015）．第5回学習基本調査報告書

Ghatala, E. S., Levin, J. R., Pressley, M., & Lodico, M. G. (1985). Training cognitive strategy-monitoring in children. *American Educational Research Journal, 22* (2), 199-215.

工藤与志文・進藤聡彦・麻柄啓一（2022）．思考力を育む「知識操作」の心理学　新曜社

湯 立・外山美樹（2019）．動機づけ理論に基づく動機づけ調整方略尺度の作成　パー

ソナリティ研究, *28* (2), 182-185.

三宮真智子 (2018). メタ認知で＜学ぶ力＞を高める 北大路書房

Seligman, M. E. P., & Maier, S. F. (1967). Failure to escape traumatic shock. *Journal of Experimental Psychology, 74* (1), 1-9.

内田奈緒 (2021). 中高の英語学習における語彙学習方略 教育心理学研究, *69* (4), 366-381.

Weiner, B. (1979). A theory of motivation for some classroom experiences. *Journal of Educational Psychology, 71* (3), 3-25.

吉田寿夫 (2017). 学習観と学習法の選択 藤澤伸介 (編). 探究！教育心理学の世界 (pp.168-171). 新曜社

吉田寿夫・村山 航 (2013). なぜ学習者は専門家が学習に有効だと考えている方略を必ずしも使用しないのか – 各学習者内での方略間変動に着目した検討 – 教育心理学研究, *61* (1), 32-43.

Zimmerman, B. J. (2011). Motivational sources and outcomes of self-regulated learning and performance. In B. J. Zimmerman, & D. H. Schunk (Eds.) *Handbook of self-regulation of learning and performance* (pp.49-64). Routledge.

Zimmerman, B. J., & Schunk, D. H. (2011). Self-regulated learning and performance. In B. J. Zimmerman, & D. H. Schunk (Eds.) *Handbook of self-regulation of learning and performance* (pp.1-12). Routledge.

参考文献

藤澤伸介 (編). (2017). 探究！ 教育心理学の世界 新曜社

自己調整学習研究会 (編). (2012). 自己調整学習―理論と実践への新たな展開へ― 北大路書房

9 | 他者を認識する過程：社会心理学

森 津太子

《**学習のポイント**》 社会心理学は，社会的動物である人間の心のしくみや働きを探求する学問である。私たちの一人ひとりの思考，感情，行動は，社会，すなわち他者が存在する環境からさまざまな影響を受けており，その影響は，私たちが他者をどのように認識するかに大きく依存している。こうしたことから，「対人認知」は社会心理学において重要な研究領域と位置づけられている。本章では，物を人と認知する「擬人化」や，その反対に人を物であるかのように扱う「非人間化」という，いわば対人認知のエラーとも言える現象を紹介する。これらを通じて，人が他者を認識する過程について議論し，社会心理学という学問領域へといざなっていく。

《**キーワード**》 社会心理学，社会的動物，対人認知，擬人化，非人間化

1. 社会心理学という学問

（1） 人間は社会的動物である

　本章で扱う「対人認知」は，社会心理学の主要な研究テーマである。社会心理学では，その名のとおり「社会」にまつわる事象が研究されているが，ここでいう「社会」とは，私たちが日常生活の中で使用する「社会」ということばの意味とは少し意味合いが異なる。おそらく多くの人が，「社会」ということばを，人間の集団としての営み（例：社会生活）や，何らかの共通項を持った人々の集まり（例：企業社会），現実の世界，世間（例：社会人）といった意味で使用しているが，英語の社会的（social）ということばは，もともと「仲間」を意味するラテン語から派

生している。社会心理学（social psychology）で扱う「社会」もこの意味での「社会」であり，何らかの意味で仲間の存在，他者の存在を仮定できる環境はすべて「社会」としてとらえることができる。したがって，後述のように，「社会」を構成する仲間（他者）はたった一人でもよい。「社会」ということばのイメージから，しばしば社会心理学は，集団行動や集団力学など，集団に関連した事象のみを扱う学問だと思われているが，それは誤解である。

　「人間は社会的動物である」というフレーズを聞いたことはないだろうか。端的に言えば，人間は自ずと社会を構築し，その中で生活を営む動物であるという意味である。その源流は，アリストテレスの著作にあり，はるか数千年前のフレーズではあるが，現代においても，人間が社会的動物であることを実感する場面は数多くある。実際，最先端の技術の多くがSNSのように他者とのコミュニケーションを支援するツールやサービスに積極的に利用されている。あるいは，ロボットと言えば，最近までは，生産性や作業効率を上げるため産業用ロボットが中心だったが，いまではコミュニケーションだけを目的としたソーシャル・ロボットが続々と開発されている。かつては技術が進むほど，人は他者とコミュニケーションをとらなくなり，互いに孤立したり，人間関係が希薄化したりすることが懸念されていたが，現代の人々の営みを見る限り，むしろ片時も人，あるいは人に類似するものとのコミュニケーションを絶やしたくないかのようにも見える。

（2）オルポートによる社会心理学の定義
　ここで改めて社会心理学とはどのような学問か，その定義を見ていくことにしよう。社会心理学者のオルポート（Allport, G. W.）によれば，社会心理学とは「他者が実際に存在したり，想像の中で存在したり，あ

るいは存在することがほのめかされていることによって，個人の思考，感情，および行動がどのような影響を受けるかを理解し説明する試み」である（Allport, 1985)。少々わかりにくい定義ではあるが，この定義には重要なポイントが3つある。

　第1に，社会心理学の定義といいながらも，この定義の中には「社会」ということばが出てこないことである。ここで，「社会」に相当するのは，「他者の存在」である。すでに述べたように，社会とは，何らかの意味での他者の存在を仮定できる環境のことであり，それは必ずしも集団である必要はない。つまり，たった一人の他者であったとしても，その存在が私たちに何らかの影響を与えるのであれば，それは社会心理学が取り上げるべき事象だといえる。

　第2のポイントは，その他者は，私たちの目の前に，物理的に存在している必要はないということである。実際，心の中で他者を思い浮かべたり，どこかで他者が見ているかもしれないと思ったりするだけで，私たちの思考や感情，行動は影響を受ける。これも広義では他者の存在による影響であり，社会心理学では，こうした現象も積極的に取り上げていく。

　最後に，社会心理学では，"個人の"思考，感情，および行動への影響に関心を向ける。すなわち，社会心理学が着目するのは，主として私たち一人ひとりについてであり，その意味でも，集団を対象とした学問というわけではない。

2. 対人認知とは

(1) 他者をどのように認識しているか

　オルポートの定義をひらたく解釈すれば，社会心理学とは，社会（他者の存在）によって影響を受ける人の心のしくみや働きについて調べる

学問である。しかし，私たちが社会からどのような影響を受けているのかを知るためには，そもそも，私たちが社会をどのように認識しているかを知る必要がある。それは，こうした認識の相違により，社会からの影響も異なってくると考えられるからである。繰り返しになるが，ここでいう「社会」とは，すなわち，「他者の存在」が仮定される環境である。つまり，「私たちが社会をどのように認識しているのか」という問題は，「私たちが他者をどのように認識しているのか」という問題に読み替えることができる。

（2）"人間"の認知と"物"の認知

　「私たちが他者をどのように認識しているか」というテーマは，社会心理学の中で，対人認知の研究として行われてきた。認知とは，人間の高次の心の働きを表す概念である。

　ただし，私たちが認知すべき対象は人に限らない。身の回りには，生物，無生物を問わずさまざまな対象物（ここでは"物"と総称する）が存在し，私たちはそれらを認知している。しかし「人間」の認知である対人認知と「物」の認知とでは，少なくとも次の2つの点で大きく相違する。

　第1に，物の認知の場合，大きさ，形，色といった物理的・表面的な特徴の把握に重点がおかれるが，対人認知の場合，感情や意図，パーソナリティなど，心理的・内面的特徴の把握により重点がおかれる。しかし，物理的・表面的な特徴とは違って，心理的・内面的特徴は外側からは観察できないため，そこには推論の過程が含まれる。すなわち，対人認知とは，他者の外見や言動，社会的背景などの情報を手がかりにして，その人物の印象を形成したり，内面にある感情や意図，パーソナリティなどを推測したりすることを指し，この意味で，物の認知よりも複雑で

高度な心の働きである。

　また，第2の相違点として，物の認知は，対象側（客体）が持つ物理的な特徴に規定される部分が大きいのに対し，対人認知は，むしろ対象を認知する側（主体）の心の働きに強く規定されるものであることが挙げられる。同じXという人物に対する印象が，AさんとBさんではまったく異なるというのは日常的にもよく経験されることである。これはXに対するAとBの知識，期待，欲求，感情などが大きく異なるためと考えられる。

（3）対人認知の必要性

　本章の冒頭で，人はまるで片時も他者とのコミュニケーションを絶ちたくないようだと述べた。このように人が他者とのコミュニケーションを恒常的に欲するのは，人間が他者と絆を築き，仲間と協力し合うことで，厳しい自然環境を生き延びてきたからだと考えられている。人間は，多くの野生動物に比べ，単体では極めて脆弱な存在だが，集団生活を営み，互いに協力し合うことによって，ここまでの繁栄を遂げるに至った。

　ただ，集団生活を営むことには別の困難が伴う。仲間も人間である以上，感情や意思を持ち，それに基づいて行動をするからである。したがって，人が他者とうまくやっていくためには，その人がどのような人物で，どのような感情や意図を持っているのかを推測し，将来の行動に備えておく必要がある。要するに，目の前の相手が，接近し関係を築くべき存在なのか，回避して関係を断つべき存在か，はたまた最初から無視してもよい存在なのかを瞬時に判断しなければならない。対人認知と物の認知が異なるのは，このような必要性の違いがあるからであり，つまり対人認知は，他者理解を超え，他者の評価や，それに基づく他者との関わり方の決定をも含む心的過程だと考えられる。

3. 擬人化と非人間化

(1) パレイドリア現象

　前節で対人認知が物の認知とは異なる心的過程であることを説明した。しかし私たちは，「物」を「人間」として認知することがある。いわゆる擬人化である。擬人化はいわば対人認知のエラーだが，なぜ「物」を「人間」と認知してしまうのかを紐解くことで，対人認知という心的過程について，より深く理解することができる。

　最初に，擬人化と関連が深いパレイドリアと呼ばれる現象について見ていこう。これは，無意味なものを知っているもの，意味あるものと誤って解釈する現象で，たとえば，月の模様がうさぎの餅つきをしている様子に見えるなどがこれにあたる。しかしパレイドリア現象において，このように人間以外の動物が認識される例はむしろ稀で，代わりに無意味な模様が「人の顔」と誤認識される例（顔パレイドリア）が際立って多いことが知られている。皆さんにも，三口のコンセントが人の顔に見えて思わず微笑んだり，何でもない光の影が人の顔に見えて心霊写真だと怯えたり，といった経験があるだろう。そして，このように無意味な模様の中に人の顔を見るとき，現実の顔を見たときと同じように脳が活動していることも明らかにされている（Liu, et al., 2014）。

(2) 擬人化の引き金

　パレイドリア現象における人の顔の認識は，知覚的な類似性が引き金となっている。たとえば，目らしきものが 2 つ並んでいると，そこに人の顔を見てしまう。しかし私たちが「物」を「人間」として誤認識する引き金はほかにもある（Epley, et al., 2007）。実際，人間として扱うにはまるで似つかわしくない物，たとえば単なる幾何学図形であっても，

その動きを見て人間であるかのように認識することがある。ハイダーとジンメルによる有名な研究（Heider & Simmel, 1944）では，大きさの異なる2つの三角形と小さな丸が画面を動き回るだけの動画を学生に見せた。にもかかわらず，その動画を見た学生のほとんどが，動画の内容を説明する際に，「大きな三角形が小さな三角形をいじめている」とか，「小さな三角形が小さな丸を守ろうとしている」など，ただの図形を感情や意思を持った人間であるかのように表現した。このように私たちは，その動きに自律性や予測不能性を感じるとき，擬人化することで対象を理解しようとするのである。普段の生活でも，たまに正常に動作しなくなる自家用車やパソコンは「今日は機嫌が悪い」などと表現されることがある。突如発生した自然災害を「神の怒りによるものだ」と説明するのも，ある種の擬人化である。

擬人化は，心のつながりがある，あるいはつながりを持ちたいという対象に起きやすいという指摘もある。飼い猫などのペットがその典型だが，先に述べた自家用車やパソコンの擬人化も，それらに愛着がある人ほど起きやすい。さらに孤独を感じ，他者とつながりを持ちたいと思っている人ほど，擬人化が起きやすいという報告もある（Epley, et al., 2008）。

（3）非人間化：擬人化の裏返し

「物」を「人間」と認知する擬人化とは裏腹に，私たちは「人間」を「物」であるかのように扱うことがある。この非人間化は，擬人化とちょうどコインの裏と表のような関係にある。すなわち，擬人化の引き金は非人間化の引き金にもなるのである（Waytz, et al., 2010）。たとえば，人間と知覚的に類似した「物」が擬人化されるのとは反対に，知覚的に類似していない「人間」は「物」のように扱われやすい。このとき，類

似性は自分を基準に判断されるため，非人間化の対象となるのは外集団
（自分を含まない集団）の成員である。具体的には，外国人のように見
た目が異なる他者は非人間化の対象となりやすい。また自国の人物で
あっても，社会的な位置づけが自分と大きく異なる他者は外集団の成員
とみなされ，本来であれば，人を認知した際に生じるはずの脳活動が見
られないといった非人間化が生じる（Harris & Fiske, 2006）。

　同様にして，自律性や予測不能性が"ない"相手は「物」として扱わ
れやすい。したがって，他者を自分の意のままに操ることができる権力
者には，人間を道具とみなす傾向が見られる（Gruenfeld, et al., 2008）。
上司が部下を駒のように扱うというのがこれにあたる。さらに，心のつ
ながりを欲する人が擬人化をするのとは反対に，他者との関係に満足し
ている人が，その関係の外にある人を非人間化する可能性も指摘されて
いる（Waytz, et al., 2010）。内集団（自分が所属する集団）の結束が固
いほど，外集団の成員が非人間化されやすいのも，これが一因だと考え
られる。

（4）心の知覚と非人間化

　既述のように，対人認知は「物」の認知とは異なり，心理的・内面的
特徴の把握に重点がおかれる。したがって非人間化とは，人間に対して，
「心」の存在を否定することと言い換えられる。しかし，そもそも対象
に「心」を知覚するというのはどのようなことなのだろうか。

　グレイら（Gray, et al., 2007）は，13種類の対象を2つずつ対にして，
参加者にどちらの対象のほうが種々の心的能力（たとえば，痛みを感じ
る能力）を持つかを評定してもらった（マインド・サーベイと呼ばれて
いる）。そして，私たちがある対象に心を知覚するとき，それは次の2
つの次元に基づいているとしている。一つは経験性（Experience）と

名付けられた次元で，対象に飢え，恐れ，痛み，喜び，怒り，欲求など
を知覚するというものである。もう一つは行為性（Agency）と呼ばれ
る次元で，自己統制，道徳性，記憶，感情の認識，計画性などを知覚す
るというものである。図9-1は，このマインド・サーベイの結果を図示
したもので，右上に行くほど両次元の評定値が高い，つまり心が知覚さ
れやすい対象を示しており，一般的な他者（男性，女性）や自分自身（あ
なた）はここに位置づけられている。それに対し，赤ちゃん（左上）は
経験性次元の評定値は高いが，行為性次元の評定値は低く，その反対に
神（右下）は，行為性次元の評定値は高いものの，経験性次元の評定値

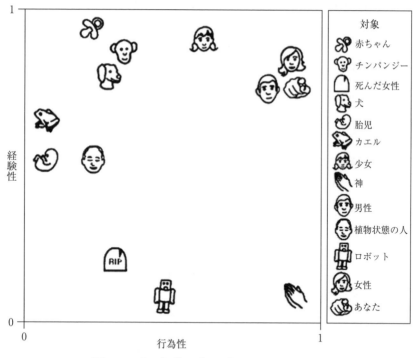

図 9-1　心の知覚の次元（Gray, et al., 2007）

は低い。

　なお，ハズラム（Haslam, 2006）は，非人間化には，人間を無生物と
みなすモノ化と人間以外の動物とみなす動物化があることを指摘し，前
者は人間の本質に関わる特性（HN：Human Nature）の否定，後者は
人間に特有の特性（UH：Uniquely Human）の否定であるとしている。
人間の本質に関わる特性とは，人間が生まれつき持つ，人間という種に
本質的な特性で，人間らしさとでもいうべきものである。これはマイン
ド・サーベイの経験性次元におおむね対応し，ハズラムによれば，モノ
化された人間は，感情や温もり，柔軟性や能動性を欠いた，代替可能な
機械のような存在とみなされるとされる。一方，人間に特有の特性とは，
他の類似の対象と区別される人間の独自性で，マインド・サーベイの行
為性次元にほぼ対応するものである。ハズラムによれば，動物化された
人間は，粗野で，教養や知性に乏しく，自制心がない存在とみなされる。
否定される特性は異なるものの，いずれの非人間化も，自分と比べ，相
手を劣った存在と位置づける点では共通している。既述のように，対人
認知には，他者の評価に伴う，相手との関わり方の決定が含まれるが，
非人間化が起きると，軽蔑や嫌悪の対象となったり（主に動物化で起き
る），相手への無関心や共感性の欠如（主にモノ化で起きる）などが生
じる。

（5）日常生活における擬人化・非人間化

　本章では，擬人化・非人間化という現象を通じ，対人認知という社会
心理学における重要な研究テーマについて考えてきた。人間を人間とし
て認知するという，ごく当たり前のことが，実は複雑な心の働きに支え
られていること，また対人認知は，単に他者を理解するということを越
えて，評価やその相手との関わり方をも決めるものであることがおわか

140

りいただけただろうか。

　擬人化・非人間化の問題は，私たちの日常生活において，ますます身近になっている。対立する外集団の人々を非人間化して貶めるといった不幸な現実がある一方で，テクノロジーは擬人化され，ユーザーフレンドリーになっている。いずれも人間が社会的動物であるがゆえに起きる現象である。人間の社会性を探究する社会心理学という学問に興味を持ってもらえれば幸いである。

学習課題

1. ハイダーとジンメルの研究（Heider & Simmel, 1944）で使われた動画は，インターネット上で見ることができる。検索してヒットした動画の内容を，その動画を知らない人に伝えるとしたら，どのように説明をするだろうか。そこに擬人化した表現は含まれていないだろうか。
2. 擬人化，非人間化の例を考えてみよう。非人間化は，モノ化と動物化に分けて，例を考えるとよいだろう。擬人化，非人間化が生じたとき，人はその対象にどのような感情を抱き，どのように関わるだろうか。想像してみよう。

引用文献

Allport, G. W. (1985). The Historical background of social psychology. In G. Linzey (Ed.), *The Handbook of Social Psychology* (*Vol.1*). New York: Random House. Pp. 1-46.

Epley, N., Akalis, S., Waytz, A., & Cacioppo, J. T. (2008). Creating social connection through inferential reproduction: Loneliness and perceived agency in gadgets, Gods, and greyhounds. *Psychological Science*, 19, 114-120.

Epley, N., Waytz, A., & Cacioppo, J. T. (2007). On seeing human: A three-factor theory of anthropomorphism. *Psychological Review*, 114, 864-886.

Gray, H. M., Gray, K., & Wegner, D. M. (2007). Dimensions of mind perception. *Science*, 315 (5812), 619-619.

Gruenfeld, D. H., Inesi, M. E., Magee, J. C., & Galinsky, A. D. (2008). Power and the objectification of social targets. *Journal of Personality and Social Psychology*, 95, 111-127.

Harris, L. T., & Fiske, S. T. (2006). Dehumanizing the lowest of the low: Neuroimaging responses to extreme out-groups. *Psychological Science*, 17, 847-853.

Haslam, N. (2006). Dehumanization: An integrative review. Personality and Social *Psychology Review*, 10, 252-264.

Heider, F. & Simmel, M. (1944). An experimental study of apparent behavior. *American Journal of Psychology*, 57, 243-249.

Liu, J., Li, J., Feng, L., Li, L., Tian, J., & Lee, K. (2014). Seeing Jesus in toast: Neural and behavioral correlates of face pareidolia. *Cortex*, 53, 60-77.

Waytz, A., Epley, N., & Cacioppo, J. T. (2010). Social cognition unbound: Insights into anthropomorphism and dehumanization. *Current Directions in Psychological Science*, 19, 58-62.

参考文献

唐沢かおり（著）(2017)．なぜ心を読みすぎるのか　－みきわめと対人関係の心理学－　東京大学出版会

ニコラス・エプリー（著）・波多野 理彩子（訳）(2017)．人の心は読めるか？ 一本音と誤解の心理学　早川書房

10 | 赤ちゃんのこころ：発達心理学

向田久美子

《**学習のポイント**》 心理学の下位分野の一つである発達心理学は，受胎から死に至るまでの人間の心身の変化とそのしくみを研究する学問分野である。本章では，発達の概念について説明し，その始まりとなる胎生期と乳児期（赤ちゃん）の発達について詳しく紹介する。そして，赤ちゃんがもつ力とそれを支える環境について考察する。

《**キーワード**》 生涯発達，胎生期，乳児期，アタッチメント

1. 生涯発達と赤ちゃん

（1）発達の道筋

　卵子と精子が出会い，受精が成立したときから，人間の発達は始まる。受精卵はやがて子宮壁に着床し，胎内で人間らしい形を整え，新生児として生まれてくる。出生後は大人の養育を受けながら成長し，学校に通い，徐々に世界を広げていく。社会に出てからは，家庭や職場での仕事をこなし，人や自分の面倒を見る。老いるにつれ，社会的活動は減り，人の世話になることが増え，やがて死を迎える。この長い道のりには，個人差や時代差，文化差はあるにせよ，人間一般にある程度共通して見られる変化がある。発達心理学は，このような生涯における心身の変化とそれが生じるメカニズムを研究する学問分野である。

　生涯にわたる発達という視点は，今では自明のものになっているが，心理学が誕生した19世紀末から20世紀半ばにかけては，「発達するのは子ども」という見方が一般的であり，学問的にも児童心理学と呼ばれ

ていた。当時の発達研究は生物学の強い影響のもとにあり，発達には段
階があり，その段階を通して未完成な状態から，完成された「一人前の
大人」へと変化していくという前提があった。

　その後，1960 年代くらいから，発達は子どもだけのものではなく，
大人をも含むものと考えられるようになり，学問名称も発達心理学（も
しくは生涯発達心理学）へと変わっていった。その背景には，社会的な
変化や研究の進展が影響している。具体的には，20 世紀後半に入り，
①社会（とりわけ先進国）の高齢化が進み，老年期の研究の必要性が高
まってきたこと，②子どもの発達の到達点とみなされていた大人の定義
があいまいになってきたこと，③安定不変とみなされていた成人期に
も，さまざまな変化が生じていることがわかってきたこと，等が挙げら
れる。さらに，超音波検査や視線計測，脳計測の技術が進み，胎児期や
乳児期の発達についても多くのことが明らかにされるようになった。こ
れらのことから，発達の定義は「子どもが大人になるまで」から「受胎
から死に至るまで」へと変化していった。

（2）赤ちゃん研究の歴史

　発達研究の歴史を振り返ってみると，初期には乳児の発達はほとんど
解明されておらず，赤ちゃんは一人では何もできない，無力で受動的な
存在とみなされていた。1960 年代ごろから，研究方法の工夫や測定機
器の開発により，「赤ちゃん学革命」が起き（下條，2006），乳児には多
様な能力があることや，個性（気質）の違いがあることが明らかにされ
るようになった。

　実際のところ，乳児は言葉も通じず，一日の大半を眠って過ごしてい
る。特に生後数ヶ月は，昼夜の区別なく，3 時間ほど眠っては起きると
いうことを繰り返す。起きていても泣いていたり，授乳が必要だったり

して，機嫌よく覚醒している時間はわずかである。そのわずかなタイミングをつかまえて，研究（実験や観察など）に協力してもらうのは容易ではない。さらに，産後1〜2ヶ月は，母親も身体の回復が必要な時期であり，夜間の授乳による睡眠不足や疲労が重なり，簡単に子どもを連れて外出できる状況にない。乳児期の発達に関する研究成果は，そうした困難に向き合い，協力者に極力負担にならないような方法を考案することにより，進んできたと言える。

　胎児の研究は，乳児の研究よりもさらに遅れ，1970年代以降，徐々に盛んになってきた。詳しくは次節以降で述べるが，出生後に見られる行動や発達的変化が，既に胎児期から始まっていることが明らかにされている。

2. 胎生期の発達

　人間の発達は遺伝と環境の相互作用によって進むが，その相互作用は受精の瞬間から始まっている。胎児が直接関わる環境は母胎である。ここでは，胎内で過ごす約38週（胎生期）を，胎齢（受精した日を0週0日とする）を用いて，3つの段階に分けて見ていく。なお，妊娠期間を数えるときは，妊婦の最終月経の開始日から数えるため，約40週とみなされる。

（1）卵体期

　卵子と精子が出会って受精卵が誕生すると，受精卵は活発に細胞分裂を繰り返しながら，卵管から子宮へと移動し，着床する。このプロセスは卵体期と呼ばれ，8〜10日間で完了する。しかし，受精というのは，いつでも可能なわけではない。卵子の寿命は排卵（月経開始から約2週間）後の約8時間，精子の寿命は射精後の約2〜3日間と限られており，

このタイミングで卵子と精子が出会わないと受精は生じない。定期的に月経のある女性では，妊娠の機会は月に約1回ということになる。

　また，一度の射精で放出される精子は数千万〜2億と言われるが，それらのうち卵子に入り込めるのはたった1個である。さらに，受精卵のすべてが着床に至るわけではなく，生き延びるのは半数弱に過ぎない（Grobstein, 1979）。着床した後でも流産する確率は10〜15%残り，その確率は加齢とともに高まっていく。こうして見ると，一人の人間の命の誕生は，いくつものタイミングが重なり合って生じるものだということがわかる。

（2）胎芽期

　受精卵が着床してからヒトらしい形を整える8週までを，胎芽期という。着床した受精卵の外細胞は胎盤となり，内細胞は胎芽（胚）になる。胎盤と胎芽の間には臍帯（へその緒）ができ，胎芽は臍帯を通して必要な栄養や酸素を取り込み，不要な老廃物や二酸化炭素を排出する。胎芽期は，脳や脊髄，心臓，顔や手足といった身体のほとんどの器官が形成されるため，器官形成期とも言われる。心臓の拍動も始まり，4〜5週になると心音が確認される。

　胎盤は胎児に栄養を送り込むだけでなく，母体内の有害物質から胎児を守る役割も果たす。しかしながら，中には胎盤をすり抜け，胎児の発育に悪影響を及ぼす物質もある。こうした物質を総称してテラトゲン（催奇性物質）という。表10-1に示すように，薬物やアルコール，タバコ，ウィルスなどがあり，これらの影響力は特に胎芽期において大きいと言われている。胎芽期は妊婦が妊娠に気づくころでもあるため，万全とはいかないまでも，できるだけよい胎内環境を整えておくことが望まれる。

146

表10-1　いろいろなテラトゲン（Hepper, 2007；遠藤, 2011）

	テラトゲンの種類	有害な影響
処方薬	サリドマイド（鎮静剤）	足・腕の奇形
	ワルファリン（抗凝血剤）	精神遅滞，小頭症
	トリメタジオン（抗てんかん剤）	発達遅滞，V字眉，口唇・口蓋裂
	テトラサイクリン（抗生物質）	歯の奇形
乱用薬物	ヘロイン	胎児／新生児中毒，成長遅延
	コカイン	成長遅滞，行動への長期にわたる影響
	溶剤（シンナー等）	小頭症
嗜好品	アルコール	胎児性アルコール症候群，胎児性アルコール影響障害
	喫煙	流産，成長遅滞
	カフェイン	ヒトに関する研究は希少だが，他の動物においては過剰摂取が奇形を引き起こすという知見あり
病気	風疹	白内障，聾，心臓異常
	ヘルペス	小頭症，小眼症
	水痘	筋萎縮，精神遅滞
放射物		細胞死，染色体障害，精神・成長の遅滞（放射線量と被曝時期による）
母体	代謝変化（糖尿病等）	出生時体重増，先天異常のリスク増大
	ストレス，不安	出生時体重や行動発達への影響を示す証左あり

（3）胎児期

　9週から出生までの約30週を指す。ヒトとしての姿が整い，胎児と呼ばれるようになる。胎児期は骨や筋肉が発達し，5cmほどの大きさから50cm前後にまで成長する。身体の動きも活発になり，身体を曲げる，伸ばす，手を動かす，口を開ける，あくびをする，指を吸うといった自発的な運動が見られる。こうした種々の自発運動は，脳神経の発達と結びついており，出生後の外界への適応に備えていると言われる（鈴木，2016）。自発運動のうち，全身を使った独特の動きのことをジェネラルムーブメントといい，出生後も3ヶ月ほど見られる。また。外から

の刺激に対して生じる原始反射も，胎児期から始まっており，その多く
が出生後 4, 5ヶ月ごろまで続く。

　胎児の動きは，18〜20 週ごろになると，胎動として母親にも感じら
れるようになる。胎動は 30〜31 週ごろピークを迎え，母親はもちろん，
父親に対しても，親としての意識を高め，声をかけたり，腹部を撫でさ
すったりなど，親子の相互作用を活発にすることにつながっていく（岡
本，2016；小野寺，2014）。

　胎児期は，胎芽期に形成された各器官も機能し始める。知覚面では，
触覚が最も早く 10 週ごろから，続いて味覚が 11 週ごろから発達する。
嗅覚は 22 週ごろ，視覚と聴覚は 24 週ごろから機能し始め，光や音への
反応が見られるようになる。呼吸機能や体温調節機能，免疫機能は 28
週ごろから安定してくる。また，初期はレム睡眠[注1] により，ほとんど
の時間を眠って過ごしているが，32 週以降になるとノンレム睡眠[注2] が
現れ，次第に覚醒時間も増えてくる（図 10-1）。

　妊娠末期の 36 週ごろになると，胎児は母親の声のトーンや笑い，身
体の緊張などに合わせて，身体を動かしたり，動きを止めたり，心拍数
を上下させたりすることが確認されている。これらのことは，胎内環境
の変化（親から受け
る刺激）に胎児が敏
感に反応しているこ
とを示している。さ
らに，新生児は妊娠
中に聞いていた音声
によく反応するとい
う報告もなされてお
り（Byers-Heinlein

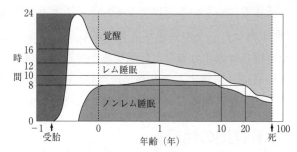

**図 10-1　受精時から死に至るまでの 1 日に占めるレ
ム睡眠とノンレム睡眠の割合**（Hobson,
1989；井上, 2006）

148

et al., 2010), 短い期間ながら, 胎児期から記憶や学習が始まっていることが示唆されている。

（4）出生前後のリスク

　胎齢 35 週から 39 週までの分娩は満期産と呼ばれ, それよりも早いと早産, 遅いと過期産となる。早産の場合, 低出生体重児（2,500g 未満）として生まれてくることが多い。低出生体重児のうち, 1,500g 未満を極低出生体重児, 1,000g 未満を超低出生体重児と呼ぶ。医療の発達により, 超低出生体重児の命も救われるようになってきたが, その後の発達に遅れや偏りが見られるケースも少なくないため, 注意深く見守っていく必要がある。

　胎芽・胎児と母体は胎盤を通して物理的につながっているため, 母親とその周囲の環境は, 直接もしくは間接的に, 胎芽・胎児の発育に影響を与える。表 10-1 に見られるように, 妊娠中の母親が飲酒や喫煙（受動喫煙も含む）をすると, 流産や早産が生じやすくなるほか, 先天異常や出生後の発達の遅れ, 行動上の問題, 知能の低さ等につながりやすいことが示されている。また, 妊娠中の母親の低栄養は, 出生時の子どもの低体重につながるだけでなく, その子どもが成人した後の生活習慣病（糖尿病など）への罹患リスクも高めるという。近年は, ダイオキシンや有機フッ素化合物などの環境化学物質への曝露も, 胎児の発育や出生後の発達に影響することが示唆されており（森, 2002）, 母親を取り巻く「見えない環境」の安全性も強く求められている。

3. 乳児期の発達

　誕生後 1 歳半ごろまでを乳児期といい, そのうち最初の 1ヶ月を新生児期と呼ぶ。母胎とは全く異なる新しい環境の中で, 乳児は養育を受け

ながら，また自らも周囲に働きかけながら，発達を遂げていく。この時
期の終わりには，人間という種に特有の行動（二足歩行と言葉の使用）
が獲得される。

（1）受信と応答

　前節で見てきたように，人間の発達は受精後急速に進み，約 38 週の
間に，精巧な器官と機能を備えて誕生する。胎内環境から離れ，雑多な
刺激に満ちあふれた外界で生きていく力（呼吸や体温調節，自発運動や
知覚など）を身につけたとはいえ，一人で生命を維持することはできな
い。その点では未熟かつ無力な存在である。比較行動学者のポルトマン
は，人間の赤ちゃんは進化上，生理的早産で生まれるようになったとし，
生後約 1 年を子宮外胎児期と名付けている（Portmann, 1951）。

　確かに，自ら動けない，話せないという点では無力だが，その代わり
に乳児は周囲の環境（特に人）に対して敏感で，よく反応する力をもっ
ている。例えば，視力は生まれた時点では 0.01〜0.02 程度しかなく，視
界はぼんやりとしている。しかし，30cm 前後の距離であれば焦点が合
うようになっており，抱っこしてくれる養育者と目を合わせることがで
きる。また，乳児の見える距離にさまざまな図版を提示してみると，白
黒はっきりした模様のある図版を好み，中でも最もよく注視するのが人
の顔を模した図版であることがわかっている（図 10-2）。なお，視力の
発達は他の感覚器官に比べてゆっくりと進み，1 歳で 0.3〜0.4，2 歳で
0.5〜0.6，4, 5 歳ごろに 1.0 に達すると言われている。

　聴覚についても，生後すぐから，機械的な音声や母音の繰り返し等よ
りも，人（特に母親）の話し声によく反応し，顔を向けたり，手を動か
したりすることが示されている（Condon & Sander, 1974；DeCasper &
Fifer, 1980）。とりわけ高い調子でゆっくりと，抑揚をつけて話される

150

マザリーズと呼ばれる話しかけには敏感で，話しかけに合わせて同調するような身体的動きを示す。この現象は相互同期性（interactional synchrony）と呼ばれ，先述したように，胎児期からその兆しが見られる。ま

図 10-2　新生児はどちらを見るか（Mondloch et al., 1999）

た，嗅覚も敏感であり，生後数日で母乳の嗅ぎ分けができるようになる。こうした知覚的な有能さは，乳児が生まれつき人（特に身近にいる養育者）と関わろうとする力を備えていることを示している。

　これらに加え，先述した原始反射も，外界に適応するのに貢献している。例えば，口元に触れたもののほうに顔を向ける口唇探索反射や，口に入ったものを吸う吸啜反射によって，母乳やミルクを飲むことが可能になる。また，自発運動を使って学習することもできる。ベッドに寝ている 3ヶ月児は，足を動かすと天井のモビールが動くことに気づくと，何度もそれを繰り返すようになる（Rovee-Collier, 1997）。5ヶ月ごろになると，目と手の協応が成立し，目で見たものをつかみ，口元にもっていくという動作を何度も繰り返す。こうした自発的な探索活動は，感覚運動的知能[注3]と呼ばれる乳児の知的発達の基盤となっている。

（2）発信と引き寄せ

　乳児は周囲の情報（特に人が発する情報）をうまく取り込み，反応し

ているだけではない。自らも能動的に情報を発信し，周囲を引き寄せている。具体的には，泣いたり，声を出したり，笑ったり，動いたりしている。これらは，自力で生命を維持できない乳児が，養育者の注意を引くための有効な手段となる。

　中でも，泣きは乳児にとって最大のコミュニケーション手段であり，泣くことで空腹や苦痛，不快感を訴えている。養育者にとっては，乳児に引き寄せられ，心身の状態を理解する手掛かりとなる一方，なかなか泣きやまなかったり，泣きが激しかったりすると，不安や苛立ちを感じることにもなる。生後すぐの泣きは生理的な原因（空腹や眠気など）によるものが多いが，半年ほど経つと，怒りや恐れ，悲しみや不安といった感情が芽生え，そうした感情を伝える手段としても泣くようになる。

　一方，乳児は笑顔によっても人を引き付ける。生後すぐから眠っているとき（正確にはレム睡眠時）にふっと笑顔を見せる。これは新生児微笑（もしくは生理的微笑）と呼ばれ，筋肉のけいれんによって生じるものだが，養育者を喜ばせ，和ませる力をもっている。チンパンジーの赤ちゃんにも同様の微笑が見られることが確認されており，集団で生きていくのに有利なように獲得された特質と考えられている。

　新生児微笑が消えると，2〜3ヶ月ごろに社会的微笑が現れる。人であれば誰に対しても笑いかける現象である。やがて6〜7ヶ月ごろになると，笑いかける対象が限定されてくる。これを選択的微笑といい，後述するアタッチメントの形成と関連している。同じころ，物事を予期する力が芽生え，「いないいないばぁ」で顔が現れると笑うなど，大人とのやりとりを楽しむようになる。乳児が笑ってくれると，大人は同じことを繰り返そうとするが，乳児のほうも笑い終わると大人の目を見つめるなどして，何度もやってもらおうと働きかける。

　こうした泣きや笑いのほか，乳児の外観そのものも，周囲を引き付け

るのに役立っている。ローレンツ
（Lorenz, 1943）が乳児図式（baby
schema）と名付けた身体的特徴とし
て，大きな頭，丸い顔，広く秀でた額，
低い位置にある大きな目，小さな鼻や
口などが挙げられる（図10-3）。こう
した身体的特徴は人間の乳児だけでな
く，動物の赤ちゃん（さらにはキャラ
クター商品）にも共通して見られるも
のであり，人に「かわいい」，「守って
あげたい」といった感情をもたらし，
養育行動を引き出す要因の一つになっ
ている。

図 10-3　乳児図式 (Lorenz, 1950；
　　　　遠藤，1998)

（3）アタッチメント（愛着）

　これまで述べてきたように，乳児は言語によるコミュニケーションは
できないものの，人が発する情報に対して感覚器官や身体を使って反応
している。また，自らも人に向かって情報を発信し，注意を引き寄せ，
養育行動を促している。これらの受信・発信力はある程度生得的に備
わったものであり，養育者がタイミングよく働きかけ，応答していくこ
とで，子どもはアタッチメント（愛着）を形成していく。養育者とのや
りとりは，アタッチメントのほか，言葉の獲得や自己意識の発達にもつ
ながっていく。

　アタッチメントとは，ボウルビィ（Bowlby, 1969）によって提唱され
た概念であり，特定の他者との関係を求める欲求や行動傾向のことを指
す。乳児の場合は，身近な養育者にくっつこうとする行動として現れる。

アタッチメントは，不安や恐れを感じたときに活性化されやすく，乳児は泣いて養育者を求め，抱っこされたり，あやしてもらうことで，安心感を回復する。安心感を取り戻すと，乳児は再び周囲の世界の探索を始める。このように，頼りになる養育者の存在は，子どもの探索や学びを支える安心の基地（secure base）として働く。

　アタッチメントは，生後半年ごろから明確な行動として現れる。例えば，泣きや笑い，発声，追視，後追い，よじ登り，抱きつきといった行動が，特定の人（養育者）に向けてなされるようになる。その人以外にあやされても泣きやまなかったり，見知らぬ人を怖がったりする。なお，アタッチメントの対象は必ずしも一人に限定されるわけではない。また，主たる養育者も子どもの育つ環境によって異なる。父親や母親のほか，保育者，祖父母，叔母など，さまざまな人がアタッチメントの対象になりうる。

　2〜3歳ごろになると，身近な養育者の内面（意図や感情）を理解し始め，その人がそばにいないときは，それなりに自分の行動を調整して対処しようとする（他の人と好きなことをして過ごすなど）。養育者のことを心に思い浮かべることができるようになり，必ずしも常にそばにいなくても，安心感を得られるようになる。

　アタッチメントの形成は，乳幼児期の知的・情緒的・社会的発達を支えている。さらに，乳幼児期のアタッチメントのタイプ[注4]は，その後の心身（特に対人関係）の発達をある程度予測することが示されている。子どもが養育者との間に安定したアタッチメントを築いていくためには，養育者の努力はもちろんのこと，家族や地域といった周囲の支援が欠かせない。養育者が一人で抱え込んだり，社会から孤立したりすることなく，安心して子育てができるよう，支援の輪を充実させていくことが求められている。

》注

注1）レム睡眠とは，眠っているときに急速な眼球運動が認められる浅い睡眠のことを指す。眠りから目覚めるための準備の睡眠とみなされている。胎児期・新生児期のレム睡眠は，動睡眠と呼ばれる。

注2）急速な眼球運動のない，深い睡眠のことをノンレム睡眠といい，その深さにより4つの段階に分けられる。胎児期・新生児期のノンレム睡眠は，静睡眠と呼ばれる。

注3）認知発達の研究者であるピアジェによって提唱された概念である。0〜2歳の子どもの思考は，頭を使うというよりも，身体を使って，感覚的になされる（例えば，触る，なめる，見る，つかむ，ひっぱる，落とすなど）。それゆえ感覚運動的知能と呼ばれる。

注4）アタッチメントのタイプは，回避型（Aタイプ），安定型（Bタイプ），アンビヴァバレント型（Cタイプ），無秩序・無方向型（Dタイプ）に分けられる。このうち，安定型（Bタイプ）が最も望ましいとされる。

学習課題

1. あなた自身が赤ちゃんだった頃と現代の育児環境とを比較し，どのような違いがあるか検討してみよう。そのことは，発達に何か影響をもたらしているだろうか。
2. 胎児期からの子どもの心身の健康な発達を支えるために，親にできることと，親以外の人にできることを考えてみよう。

引用文献

Bowlby, J.（1969）. *Attachment and Loss: Vol.1, Attachment.* Basic Books.（ボウル
ビィ，J．黒田実郎（訳）『母子関係の理論 1 - 愛着行動〔新版〕』（岩崎学術出版
社，1991））

Byers-Heinlein, K., Burns, T. C., & Werker, J. F.（2010）. The roots of bilingualism
in newborns. *Psychological Science*, 21, 343-348.

Condon, W. S. & Sander, L. W.（1974）. Synchrony demonstrated between
movements of the neonate and adult speech. *Child Development*, 45, 456-462.

DeCasper, A. J. & Fifer, W. P.（1980）. Of human bonding: Newborns prefer their
mothers' voice. *Science*, 208, 1174-1176.

遠藤利彦（1998）「乳幼児期の発達」下山晴彦（編）『教育心理学 II - 発達と臨床援
助の心理学』東京大学出版会　pp.43-68.

遠藤利彦（2011）.「生命が芽生えるとき」遠藤利彦・佐久間路子・徳田治子・野田
淳子（著）『乳幼児のこころ - 子育ち・子育ての発達心理学』有斐閣　pp.41-55.

Grobstein, C.（1979）. External human fertilization. *Scientific American*, 240, 57-67.

Hepper, P.（2007）. Prenatal development. In A. Slater & M. Lewis（Eds.）,
Introduction to Infant Development. New York: Oxford University Press.

Hobson, J. A.（1989）. Sleep. New York: W. H. Freeman and Company.（ホブスン，
J. A.　井上昌次郎・河野栄子（訳）『眠りと夢』（東京化学同人，1991））

井上昌次郎（2006）.『眠りを科学する』朝倉書店

Lorenz, K.（1950）. The comparative method in studying innate behavior patterns.
Symposia of the Society for Experimental Biology, 4, 221-268.

Mondloch, C. J., Lewis, T. L., Budreau, D. R., Maurer, D., Dannemiller, J. L.,
Stephens, B. R., & Kleiner-Gathercoal, K. A.（1999）. Face perception during
early infancy. *Psychological Science*, 10, 419-422.

森　千里（2002）.『胎児の複合汚染─子宮内環境をどう守るか』中央公論新社

岡本依子（2016）.『妊娠期から乳幼児期における親への移行：親子のやりとりを通
して発達する親』新曜社

小野寺敦子（2014）.『親と子の生涯発達心理学』勁草書房

Portmann, A.（1951）. *Biologische Fragmente zu einer Lehre vom Menschen.* Basel:

Verlag Benno Schawabe & Co.（ポルトマン，A. 高木正孝（訳）『人間はどこまで動物か』岩波書店，1961））

Rovee-Collier, C.（1997）. Dissociations in infant memory: Rethinking the development of implicit and explicit memory. *Psychological Review*, 104, 467-498.

下條信輔（2006）.『まなざしの誕生―赤ちゃん学革命〔新装版〕』新曜社

鈴木 忠（2016）.「認知発達の基盤1：胎児と0歳児」鈴木忠・飯牟礼悦子・滝口のぞみ（著）『生涯発達心理学－認知・対人関係・自己から読み解く』有斐閣 pp.23-40.

参考文献

石井正子・向田久美子・坂上裕子（編著）（2023）.『新・乳幼児発達心理学［第2版］』福村出版

小西行郎・遠藤利彦（編著）（2012）.『赤ちゃん学を学ぶ人のために』世界思想社

向田久美子（2017）.『新訂 発達心理学概論』放送大学教育振興会

11 | 臨床心理学入門

大山泰宏

《**学習のポイント**》　臨床心理学とはどのような学問であるのだろうか。その特徴はどんなものなのか，また教育学や心理学との関連はどのようなものであるのだろうか。こうした観点から臨床心理学について概説する。
《**キーワード**》　カウンセリング，心理療法，心理臨床，臨床の知

1. 臨床心理学とは

(1) 日本の臨床心理学の特徴

　臨床心理学という学問分野があることは，ほとんどの人がすでに知っているであろう。だが，それがどのようなものであるのかを説明することは案外難しい。たとえば，臨床心理学とカウンセリングとは同じなのか違うのか，そしてときには「心理臨床学」という言葉もきくが，それは臨床心理学と同じなのか？臨床心理士という職能があるが，公認心理師とはどう違うのか・・・細かく考え出すと，実はぼんやりとした理解しかないことに気づかされる。

　しかしながら，実はそうしたぼんやりとした理解をせざるをえないのが，日本の臨床心理学の特徴である。臨床心理学は英語では clinical psychology である。英国や西欧，米国では，clinical psychology といえば，まさに clinical という言葉どおり，医療や福祉の領域で心理学的支援をおこなう職能である。人々のメンタルヘルスを支える業務として位置づけられ，心理的な疾患や症状に対して，心理学の専門的知識でもって介入していくことである。

　ところが日本の臨床心理学といえば，学校で出会うスクールカウンセラーのことを思い起こす人も多いのでないだろうか。実際，2023 年現在，スクールカウンセラーの 8 割以上は，臨床心理士である。一方諸外国では，school counselor, school psychologist という資格や職能は，clinical psychologist とはまったく別物である。日本のように児童・生徒の心理的問題への対応をおこなうのではなく，主に子どもたちの学業やキャリア発達の支援をおこなうことがその役割である。

　このことからわかるように，まず，日本の臨床心理学の特徴として，カウンセリングと不可分に結びついているということが挙げられる。日本の臨床心理学は教育分野との結びつきが強いということだともいえる。なぜこのようになっているのかは，後ほど説明する。

　さらに，日本の臨床心理学の現状をみていると，臨床心理士と呼ばれる人たちは，実に多様な職域にいることがわかる。「臨床」という言葉にかかわる医療領域，高齢者対象の施設や児童相談所などの福祉領域，学校などの教育領域，少年鑑別所や刑務所などの司法・矯正領域，会社の人事やメンタルヘルス部門という産業領域，そしてさらに，自身で心理相談所を開業している人もいる。それぞれの領域では，それぞれの専門性があり，そして，それぞれの領域を統括している制度や法がある。それらを通じて，臨床心理学がありうるというのは，どうして可能なのであろうか。

（2）日本の臨床心理学を支える理論

　日本では臨床心理学がカウンセリングと結びつきが強いことをみてきた。そして，臨床心理士による臨床心理学の実践が，実に多様な領域でなされていることをみてきた。これが，臨床心理学をぼんやりとさせていることの要因の主たるものである。では，そのように曖昧で多様で広

範囲に拡がっているということをまとめる理論や定義というものはどんなものであろうか。

実はそこには，「臨床」という言葉がどのように考えられているかということが深くかかわってくる。それは臨床が，医療にかかわる領域を示す言葉ではなく，もっとその本義から解釈され定義されていることに関係するのである。

臨床 clinic という言葉は，ギリシア語の klinh（クリネー）という言葉が語源だという。klinh というのは寝台（ベッド）のことである。すなわち臨床心理学とは，ベッドサイドの「心理学（心に関する学問）」ということである。ベッドサイドとは何であろうか。人が床に横たわるときがどのようなときであるかを考えてみるといい。それは人が生まれるとき，老いたとき，病を得たとき，そして何より死ぬときである。それは，自分の足で立てなくなったときであり，人からの助けを借りざるをえないときである。それらは，いわゆる「生老病死」である。生老病死は，仏陀が人間の根源的な苦しみである「四苦」として定めたものであり，生きていくうえで解決や収まりのつかない根本的な課題である。こうした避けようのない人生上の苦悩にある人の傍らに寄り添って，そこで動いていく心のありように関して支援をしていくのが臨床心理学であると言えよう。

このことは，ライフサイクル論で有名なエリクソン（Erikson, E. H.）が述べていることにもかかわる。エリクソンは，このように言う。「臨床性 clinical という言葉は，かつては死の床での僧侶の役割をさすものでした。身体の戦いが終わりを迎えようとし，魂が創造主との孤独な対面への旅立ちへ向けての導きが必要とされるときの役割です。実際，中世の歴史の中では，医者が何日か患者に手を施しても回復の見込みがないときには，僧侶を呼ぶよう義務づけられていたときが，あったようで

す。・・・（中略）・・・（神経症的な不安に捉えられている現代人は），死という最終的な孤独にさらされていないかもしれませんが，気の遠くなるような孤独，おさまりのつかない経験を，すなわち神経症的不安と呼ばれるものを持っているのです（Erikson, 1950 p.20）。」

　ここで重要なのは，生老病死にしろ，魂が旅立とうとしているときにしろ，それに寄り添う人自身も明確な答えを知らないということである。このように四苦を乗り越えていけばいいとか，死はこのように迎えればいいとか，人が死んだらどうなるとかいうことには，誰も答えることができない。では，このように答えがわからないことに寄り添っていくというのは，どのように可能なのであろうか。

　まずもってそれは，共に探索していくような発見的な過程となるであろう。「カウンセリングは，答えを教えてもらうものではなく，自分で答えを考えていくことを見守ってもらうことだ，いっしょに考えていくことだ」と言われることがあるが，それはまさにこれと関連している。支援していく人は，対象者のことを対象者とともに発見的に考え，また，自分自身も同様なことに向かい合っていく姿勢や心のありようが大切になってくるのである。生老病死にかかわることは個人個人できわめて個別的である。生老病死は，たしかに医学と深く関係している。そこでは，しっかりと科学的に効果が実証されている治療や処置がおこなわれる。しかしながら，医学的には正しいとされていることでも，個人の価値観や「生きざま」とは矛盾してしまうかもしれない。たとえ医学的には最適な治療や処置を施したとしても，生老病死をどのように自分の人生の中で位置づけていくか，家族や他の人との関係の中で意味づけていくかは，きわめて個別的である。例えば，同じ「がん」に対して，同じ治療をしたとしても，そもそもその病をどのように本人が捉えているのか，その人の人生の中でどのように意味づけられ位置づけられるのかは異な

る。また，家族をはじめとする身近な人々が，それをどのように捉える
かは，実に多様で個別的であることが想像してみてもわかるであろう。

（3）臨床の知ということ

　ここまで述べてたように，臨床心理学が個別的で発見的な過程を辿る
ことに関して，「臨床の知」という概念で説明されることがある。「臨床
の知」は，哲学者の中村雄二郎が，「科学の知」と対比させながら論じ
て定式化した，学問的知のひとつのあり方であり，コスモロジー，シン
ボリズム，パフォーマンスの３つがその柱である（中村，1992）。

　コスモロジーは，「科学の知」の普遍主義と対比される。科学の知で
あれば，いつでもどこでも通用する一般的な知として，状況やコンテク
ストとは無関係に通用可能である。しかしコスモロジーでは，その知を
もつ主体の意味づける主観的な世界観を重視する。個人のもつ多種多様
な価値観を尊重しつつ支援するためには，この観点が重要となってく
る。そして，シンボリズムは「科学の知」の論理主義と対比される。事
象の意味づけや解釈において，単一のロジックや意味だけでなく，多義
性や多様性，複雑性などを重視するものである。科学の知の論理主義で
は，世界は論理的に正しいことや因果関係に基づいて記述され説明され
る。しかし臨床心理が扱う世界では，かならずしも論理的にはいかない
ことも多くある。そもそも無意識というものは，理性や論理性が破綻す
るところから発見され，論理性とは異なる結びつきや表現というものを
探索するところから出てきたものだからである。これに加えて，シンボ
ルは多義的であるということも重要である。意味の多重性が，それぞれ
の主体との関わりから多様に意味づけられて作り上げられていくのであ
る。

　パフォーマンスは，主体と対象世界との緊密な関わりをいうものであ

る。私たちは世界を見て客観的に認識する透明な視点ではなく，対象に
関わっており，そのつどそのつどに主体と世界との関係は変化してい
く。そこでは身体をもった関わりということが鍵となる。身体は，私た
ちを他者や世界から隔てる有限なものであるが，そうした有限性と局所
性をもつものどうしが関わりあうことを可能にしている。その関わりあ
いから動きが生まれ，互いの関係性が変化し，それぞれが変容し進展し
ていくという，発見的な過程がまさに身体をもとに進展していくのであ
る。

（4）汎用性と心理臨床学

　臨床の知のコスモロジー，シンボリズム，パフォーマンスは，多様な
職域で個々人にかかわる臨床心理学の実践の根本にあるべきものであ
る。一律な答えがないところを，発見的にかかわっていくための基礎で
ある。臨床心理学の実践の主な担い手である臨床心理士には「汎用性」
という特徴があるといわれる。汎用性とは，臨床心理士が，医療・保健，
福祉，教育などの多様な領域に広くわたって活動できる専門性のことで
あるが，それは，臨床の知を基礎に置き，それぞれの文脈で発見的かつ
創造的に活動するからこそ可能になるのである。

　さらに，臨床の知ということを重視するならば，臨床心理学ではなく
「心理臨床学」という言葉が使われることがあることを説明しておきた
い。臨床心理学と心理臨床学をどう厳密に区別するかは，難しいところ
であるが，おおよそ次のように区別されるであろう。臨床心理学は
clinical psychology の日本語訳として使われている言葉であり，臨床と
いう語は心理学の修飾語である。つまり，心理学のとある一分野として
臨床心理学が考えられるのである。この場合臨床というのは，実践の現
場であり，心理学的な知識や技能が応用される場である。実際，臨床心

理学は「応用心理学 applied psychology」と呼ばれていたときもあった。対して「心理臨床学」という言葉は，心理という言葉が「臨床学」を修飾している。臨床学というのは，実践の現場において発見的・創造的に解決を見いだしてく学問であると定義される。その臨床学を心理学に関する知見をひとつの手がかりとしながら，おこなっていくのが，心理臨床学なのである。心理臨床学という言葉は，1980 年代の「心理臨床学会」の設立，臨床心理士の資格誕生という流れの中で，中村の「臨床の知」をひとつの理論的基盤として援用しつつ提唱されてきた，実践と学問の一体性，現場での発見性を重視したものである。

　アメリカの心理学界では，臨床心理学の教育のモデルとして，1949 年に Scientist-Practitioner Model（採択された会議の地名をとって Boulder Model と呼ばれることもある）が提唱された。これは，臨床心理学の教育においても，一般の心理学と同じく実証的・科学的態度を身につけて，それを実践に応用していこうとするものであり，実証性と研究を重んじるものである。先述した，心理臨床学と対比されるところの臨床心理学のあり方である。これに対し，1973 年には Practitioner-Scholar Model（採択された会議の地名をとって Vail Model と呼ばれることもある）が提唱された。このモデルは，臨床心理学の教育では，何よりも現場での実習や経験を重視し，そこから実践的に学んでいくことが必要であると考えるものである。臨床心理学の研究者というより実務者を育てようとするものである。

　この 2 つのモデルともに，臨床心理学には必要なものであろう。すなわち，理論を実践現場に応用し実証していく科学でありつつ，現場の複雑な事象の中で支援者として実践を着実におこない，ボトムアップ的に実践から知を生み出していく。理論から実践への方向と，実践から理論への方向との 2 つが循環しあうことにこそ，臨床心理学の本質がある。

2. 臨床心理学の歴史

（1） 臨床心理学の誕生にかかわる 2 つの出来事

さて，本章の最初で日本の臨床心理学は「ぼんやりしたもの」だと書いたが，それはまさに臨床心理学がいろんな潮流が重なりあって形成されてきたものだという理由による。ここからは臨床心理学の歴史について言及することで，その成り立ちを探ってみたい。

心理学は人間の「心」の仕組みを解明しようという学問である。「心」は思考や感情，感覚などなどを手がかりに解明されていく。臨床心理学は，心を解明することに加え，心に関する問題の解決をおこなうことを目的とした学問である。心の問題を解決するためには，心をどのようなものとして捉えればいいのか，そこにどのように働きかければいいのかを探究し，実際にそれをおこなおうとする。しかし「心の問題」というものは，直接には観察されるものではない。観察されるのはあくまでも，その人の行動や思考や感情などである。それらはときには，本人が生活していくうえで困難を生じさせるものになったり，あるいは周囲の者が困ったりするものになることがある。そうした「困りごと」の原因は心に存在するものと考えて，行動や思考や感情などに働きかけ，単にそれらを修正するだけでなく，もともとの原因となっている心を治癒していこうとするのが臨床心理学である。

観察されるものは，行動や思考や感情であり，また働きかけることができるのもそれらであり，心に直接働きかけることはできない。したがって，行動や思考や感情のもととなっている心の仕組みを仮定するのが臨床心理学の特徴であり，必然的に心に関するモデルを含むものとなる。

臨床心理学の始まりは，行動・思考・感情の異常な状態の原因が心に

あると考え，それらに働きかけて心を治癒していくという，モデルと方法とが生まれたときである。それがまさに，フロイト（Freud, S.）による精神分析の開始である（精神分析の始まりの詳細については，「心理カウンセリング序説」や「精神分析とユング心理学」などの科目を参照していただきたい）。それまでは，行動・思考・感情の異常の原因は，その人のもっている気質や遺伝的素質，生理的・生物学的な原因である「内因」として考えられていた。あるいは民間では，霊や悪魔憑きなどとして考えられることもあった。それを治癒するためには，行動の矯正，あるいはマッサージや温泉療法，宗教的な告解や悪魔払いなどがおこなわれていた。そして何よりも催眠による治療がもっとも効果的であったのだが，そのメカニズムも，やはり生理・神経学的な面から考えられていた。しかしフロイトの精神分析は，そうしたことではなく，「無意識」という本人が知らないでいる自分の心の要素に原因があると考えた。その無意識は，自分にとって収まりのつかない記憶や願望から成っているのだと考え，それらを精神分析の営みによって分析家との共同作業の中で，解放したり，自身がそうした記憶や願望をもっているということに気づいたり，そうしたものをもっている自分を許容したり，あるいは受け入れられやすい形に創造的に変容させたりしていくことで，実際にそれらの問題は収まっていくのであった。このことから，心に原因があるという「心因」の発想が生まれ，それによる心のモデルと治療のための技法や理論である心理療法が精神分析によって明確に誕生したのである。

　もうひとつ，臨床心理学の始まりといえるのは，現場の行動や思考や感情の問題の解決を，個別的かつ発見的におこなっていく，まさに「臨床心理学」という言葉と概念が米国で生まれたときである。1896 年，ペンシルバニア大学のウィットマー（Witmer, L.）は，大学内に「心理

クリニック Psychology Clinic」を設立した。このクリニックでは，学
校での学習に困難を示す子どもが紹介され，治療がおこなわれたが，そ
こでは決まりきった処置をおこなうのではなく，個別的に子どもに関わ
り介入と支援が工夫された。それは，当時の心理学の特徴であった哲学
的思弁や実験室での知見を現場に応用することではない。クリニックで
の子どもへの働きかけという実践を通して検証され探究され蓄積されて
いく新たな心理学として，「臨床心理学 clinical psychology」が提唱さ
れたのである（Wittmer, 1905a）。

　ウィットマーは，臨床心理学は社会学や教育学と関連づけていくこと
が不可欠であると考えた。というのも，子どもの問題は学校という社会
的な文脈に関するものであるがゆえ，それらの領域と深く関連してこ
そ，本当の意味で子どもの置かれている状況を考慮し，有効な働きかけ
ができると考えていたのである。

　さらにウィットマーは，臨床心理学のセラピストを養成するための講
座やコースをペンシルバニア大学の中に開設した。この講座では，教育
や発達支援の現場での実習，クリニックでの実習もカリキュラムとして
組み込まれていた（Wittmer, 1905b）。臨床心理学という学問は，単に
臨床心理学の発想と手法に則った論文を書く人物を養成するということ
ではなく，子どもの個別の問題に取り組む実践者を育てていくという，
探究と実践とが一体となった学問であるという発想が明確に示されたの
である。

（2）臨床心理学に合流していった潮流

　臨床心理学の分野として，心理療法と同様に重要なのが，心理査定
（アセスメント）である。心理査定とは，個々人の心のあり方について
評価すること，すなわち，心がどのような状態であるかを記述し明らか

にすることである。心理査定は，2つの分野から始まった。ひとつは，個人差心理学である。個人差心理学とは，万人に共通の心理的なメカニズムを探究する心理学と異なり，一人一人の個人の差異を解明しようとする心理学である。個人の能力や性格がどのように異なっているかを知り，個人の能力を最大限に伸ばすための教育的な介入のヒントとされたり，その個人がもっとも有益に機能するように社会的な配置を考えたりするためのものであり，アメリカで大きく発展した。伝統的な文化から自由な気風の中で，人々が自己探求をしたがゆえであり，この個人差心理学から，知能検査や性格理論やパーソナリティ検査が発展していった。

　心理査定につながるもうひとつの潮流は，精神医学と関連した異常心理学（abnormal psychology）である。アメリカの精神医学は，フロイトの精神分析を早くから受け入れ，精神力動論に基づく精神疾患の理解や治療的介入をおこなっていた（精神力動論とは，心のメカニズムのモデルにしたがって，思考や行動等の個人的特徴を理解しようという発想法である）。そのため，精神疾患を心理学的に理解し診断したりすることがおこなわれ，その分野は異常心理学と呼ばれていた。それが現在の臨床心理学につながっている。さまざま心理査定の方法論が考案され発達することとなる。

　個人差心理学によるアセスメントは，教育と関連しカウンセリングとの結びつきが強く，異常心理学によるアセスメントは，精神医学や臨床心理学との結びつきが強いという違いがあるものの，多くの心理査定の技法は，両方をまたいで発展していったため，日本に紹介された心理査定は，その両者の性質をもっている。

（3）カウンセリングの影響

　日本の臨床心理学に特に大きな影響を与えたものは，ロジャーズ（Rogers, C. R.）のカウンセリングの方法と考え方である。

　カウンセリングはもともとは教育分野から派生し，対象者の成長と発達のために相談にのることである。一方，心理療法は，心理的問題や精神疾患の心理的治療のことで，メンタルヘルス分野と関連の深い言葉であった。ロジャーズは，それまでのアドバイスを中心としたカウンセリングでもなく，かといって病理性に着目してそれを正すような心理療法とも異なり，人間の自然な成長を信じてそれを最大に開花させる非指示的な方法を提唱した。そして「最高度のカウンセリングは最高度の心理療法と同じである」と主張し，「セラピスト」という心理療法由来の言葉と，「クライエント」というカウンセリング由来の言葉を組み合わせて使用した。ロジャーズが非指示的療法を示した記念碑的著作 *"Counseling and Psychotherapy"*（Rogers, 1942）は，そのタイトルでまさに，カウンセリングと心理療法が同じものであるという彼の主張を端的に示している。

　ロジャーズの非指示的な方法は，第二次世界大戦後，日本の教育の民主化が進められる中で紹介され，導く者と導かれる者とが対等に対話をしながら進んでいくという戦後民主主義の考え方とも合致し，急速に広まっていく。*"Counseling and Psychotherapy"* は，早くも 1951 年に邦訳が出版されたが，そのタイトルは『ロージァズ　臨床心理学』（友田，1951）であったが，このような紹介のされ方も，日本では臨床心理学とカウンセリング心理学とが深く結びついていることの一因となっている。

（4）日本での臨床心理士の資格と臨床心理学

　最後に，日本の臨床心理学の特徴を語るうえで，臨床心理学の実践の担い手である臨床心理士の資格の成立の経緯について述べてみたい。臨床心理士の資格は，1988 年にスタートした。臨床心理士資格以前にも，心理職の資格設立に関していくつかの動きはあったが，多様な分野で多様な活動をしてきた心理職をまとめるのは難しく，カリキュラムにどのようなことを盛り込むのか，学歴の要件をどのようにするのかということについて意見はまとまらなかった。加えて，保健医療分野での利害関係の調整や心理職の技能の定義が難しく，何度も頓挫してきた。さらには，1970 年代の学生運動の反権力の波のもと，心理学の資格は人が人をコントロールすることを正当化してしまうのではないかという反対意見もあった。

　しかし本章でもすでに述べたように，臨床心理士は，そもそも多くの職域で活動するものだという「汎用性」を前面に打ち出し，領域は異なっても共通する専門的知として「臨床の知」を柱に据え，心理学的な知識や技能に基づきながら，それぞれの多様な現場で，「臨床」をおこなっているのだということで団結し，臨床心理士の資格の成立へと結びついていった。1996 年にはいわゆる指定大学院制度が始まり，1998 年以降は臨床心理士の受験資格を得るためには，一定の要件を備え認証された大学院修士課程を修了することが基本条件となり，2007 年からはそれが必須となった。

　指定校制度によって，臨床心理士を養成するカリキュラムはどんなものであるべきか，その専門的職能が何であるかが規定されたが，このことと並行して拡大充実していったのが，スクールカウンセリングの制度である。第二次世界大戦後すぐに，学校でのカウンセリングの重要性に関しては認識されており，学校の教員がカウンセリングを学ぶ機会も多

かった。しかし，それをもっぱらとする専門家とはどのような職能や専門性をもつのかということは曖昧であり，学校へのカウンセリングの専門家の配置は進まなかった。しかし，臨床心理士の資格認定制度および大学院での養成カリキュラムが定まってくると，明確な職能の専門性がある専門職として位置づけられ，1995年には文部省（当時）の派遣事業により各学校へのスクールカウンセラーの配置が始まることとなった。当時，校内暴力は沈静化しつつあったものの，いじめや不登校といった学校現場での新しい問題が生じ，また「こころの時代」の波の後押しを受け，心理の専門家の子どもたちへの対応が主張されていた時代でもある。このように臨床心理士の資格が広まっていったことには，スクールカウンセリングの整備と発展がかかわっていることから，臨床心理学においてカウンセリングは重要な位置を占めることとなったのである。

3. まとめにかえて

本章では，臨床心理学という学問について紹介するにあたり，日本の臨床心理学の特徴につながっていく歴史的な流れと，そこで展開されていった発想や理論について述べてきた。では，さらに具体的には，臨床心理学がどのような学問であり，どんなことをおこなっているのかは，後続の章を参照していただきたい。

「心理と教育」ということを考えたとき，臨床心理学はその両方の分野に深くかかわっているものであることが，本章の歴史的検討からみえてきたことであろう。もし皆さんが臨床心理学に興味をもち深く学びたいなら，ぜひ教育についても深く学んでいただきたい。もし皆さんが教育を深く学びたいなら，ぜひ臨床心理学についても学んでいただきたい。このようにさまざまな分野が混ざり合いながら，人を支援していく

ことはどんなことが大切かを常に考え続けるのが臨床心理学なのである。

学習課題

1. 臨床心理学というキーワードで，日本語で書かれた Web サイトをいくつか検索して，どのようなことが書かれているのかを調べてみよう。そこでは，どんなことが一致して書かれているか，どんなことが一致しておらず齟齬があるのか，ということを分析してみよう。また余力があれば，英語で書かれた米国や英国のサイトを調べてみて，日本語のサイトとの内容の違いを確かめてみよう。

2. 臨床心理士，公認心理師，学校心理士，臨床発達心理士，産業カウンセラーなど，対人支援にかかわる心理学に関する資格は多く存在している。それぞれの資格ではその専門性をどのように考えているのか，どんな職域があるのか，どんな形で認定されるのかなどについて調べてみよう。

引用文献

Erikson, E. H. (1950). *Childhood and Society*. Norton.

中村雄二郎 (1992). 臨床の知とは何か　岩波新書.

Rogers, C. R. (1942). *Counseling and Psychotherapy*. Houghton Mifflin.　友田不二男訳 (1951). 臨床心理學　創元社.

Wittmer, L. (1905a). Clinical psychology. *Psychology Clinic*. 1, 1-9.

Wittmer, L. (1905b). University courses in psychology. *Psychology Clinic*. 1, 25-35.

12 │ 心理療法とイメージ

橋本朋広

《**学習のポイント**》 心理療法では，クライエントのイメージ表現を通して，その体験世界を共有し，共にクライエントの生き方について検討しながら，クライエントが新しい人生物語を創造するのを支援する。心理療法におけるイメージと物語の意義について考える。
《**キーワード**》 心理療法，イメージ，物語

1. はじめに

　心理療法とは何か。それは，心の交流を通して，クライエントが苦悩を生き抜くのを支援しようとする営みである。では，心の交流とは何か。それは，人間が相互に対話しながら，ものの見方や感じ方をわかちあう作業である。

　われわれは，他者との対話を通して，自分自身を振り返る。話してみて初めて，自分はこんなことを思っているのか，などと気づく。あるいは，人の考えを聞いて初めて，そういう見方もあるのか，自分の見方は偏っていたのだなあ，などと気づく。

　われわれは，人との対話を通して，世界や他者の多様な様相に気づき，そのなかにおける自己のあるべき姿を思い描き，自分はこれからこういうふうに生きていこう，あるいは，生き方を修正していこう，などと考えるようになる。つまり，対話を通して，この世界に自分と他者が共に生きていることの意味を把握し，自己の人生の物語を育む。このように育まれる人生物語は，世界・他者・自己についての様々なイメージに

よって紡がれる物語だと言えよう。そして，心理療法とは，対話を通して，このような物語の創造を支援しようとする営みである。

　以下，心理療法において創造される物語世界とはどのようなものか，見てみよう。

2.　心理療法において創造される物語世界

　まず，一つの事例を紹介したい。事例は，精神科医の加藤（1965/2012）が報告したものである。1965年に発表された古い論文であるが，そこで報告されている事例のクライエントNは，加藤との心理療法を通して，苦悩に満ちた自己の人生物語を深く自覚するに至り，未来へ向かって独自な世界を生きるようになる。その意味で，この事例は，心理療法において創造される物語世界がどういうものか，非常に明瞭に示してくれる。

　Nは，太平洋戦争の末期，27歳で統合失調症を発病し，その後6回のシュープ（症状の再燃）と入退院を繰り返しながら，長年治療を受けていた患者である。加藤は，Nが6回目に入院した2年後，Nが41歳頃に心理療法を開始し，退院してからも6年間，月1回程度面接を行った。その間Nは，入院をすることもなく，家業に従事していたようである。加藤によれば，Nは「過去数十年のうちに体験してきた自らの内面生活の混沌としていた点を整理しそれに一応の見通しをつけうるようになった」（同書，p.305）。そして，加藤は，Nが8年間にわたる「治療状況のなかにおいて語りつづけてきたその物語りの一端」（同書，p.305）を，次のように要約している。

　　いまから思えば五歳ごろ，クリスマスの夕，幼稚園で牧師の話を聞いていたとき，急におびえてかつぎ出されたことがあった。その前より自分の

家はN家（父の家）とM家（父の妹らの分家でフロ屋）の二つに分かれて
争っていましたが（かれの実母は現在でもそのときの状況をありありと回
想している），このころよりすでに両親あるいは親族を通じて自分にその
争いがおよんでくるのを予感し，宿命的にになわされている苦難の道を予
想していたためでしょう。その後，十二歳のとき，すなわち，父が事業に
失敗し，祖々父からM家に伝えられたフロ屋をついに継がざるをえなく
なったとき，両親もフロ屋をやらずに自らの道をあゆまんとした戦いに破
れ（父の追想によると自分の弱気のためだったという），また同時に私も
負けてしまったのです。当時，兄は母の意見に従って学者への道を確立し
ましたが（現在兄は有名な学者となっている），自分はひとりフロ屋の番
台に座らされ，もっと独立しなければと思って漠然たる不安を感じていま
した。実際，幼時より，兄だけが母の子のように思っていました。したがっ
て少年時代以後，自分はいったい何者であるのか，とか，またどうすれば
よいのかと思い，友人もなく，淋しい暗い，時にはきみの悪い気持ちに慄
くことがよくありました。高校―大学時代では，自分が何をやっても，そ
れが人生を開拓しているという気持ちになれませんでした。大学の理学部
に入ってから以後，失恋（片思い）し，ますます孤独的となり，劣等感も
増し，なお当時在学中であった長兄に強く依存し，自分を失ってロボット
のごとく兄のいうままになって献身的に仕えました。大学卒業後（戦時
中），海軍技術将校となり，少し自由になってほっとしましたが，海軍（母
の代理）にあまえると同時になすべき職務をさぼって反抗し，上官（父の
代理）に叱られついに病気（第一回目の発病）になってしまいました。そ
の後，何回も再発して入院しましたが，私が最後（第六回目）に入院した
ときの事情はつぎのようでした。すなわち私の入院前に，父親が自分のこ
とで母親と争ったことがきっかけとなり父が病気（うつ病）で入院してし
まいました。そのため，私の入った病院に父も入院したので，家の方針が
一つになるという安心感もできました。父の退院後優勢になった母親の意
見に父も従うようになり，母が学究生活をするのを初めて許してくれたと
思いました，しかし，それにもかかわらず，自分がいろいろ責められるの
で（罪悪感の投射），これは母親がまちがっていると思って，男の象徴で
ある金槌を母親に投げつけました（母に対する暴行の最初のできごと）。

そしてその後，五年以上も入院してしまったのです。（同書，pp.305-307）

　ここに引用された物語は，患者が長い年月をかけて語ったことを加藤が要約したものである。したがって，ここに示されたＮの人生物語は，決して一挙に語られたわけではない。しかし，この要約を加藤がなし得たということは，Ｎの苦悩の歴史を形作る核心的な状況が，治療の進展とともに，加藤の目に見えるようになってきた，ということを示している。これは裏を返せば，Ｎが，治療関係のなかで，発症や症状の再燃といった出来事の背景にある核心的な状況を自覚のうちに取り戻していったことを示している。

　加藤によれば，心の病の治癒の根底には，それを成り立たせる「核心状況」（同書，p.307）があり，それは，苦悩の歴史を取り戻し，生きるべき未来をたぐりよせるという形で自覚され，治療状況のうちに顕在的・潜在的に繰り返し（回帰的に）到来する。Ｎの場合，生きるべき未来は，次のように語られる。

　　私は毎朝，日課として庭や畑の世話をしています。それは，「いのち」にふれているのです。私は草や土から離れないでいると，病気におちこんでもすぐ自力でぬけられるのです。しかしそれから離れると危険なのです。それが病気にならない「コツ」なのです。それでも，草や土には動物もさわっていますね。私は正しいルートで許される火でないとまだ「火」が使えないのです。火は人間しか使えないとすれば，私はまだ人間になっていないのです。私は桧をすり合わせて生まれた「古代の火」から，プラズマ（人工太陽）にまでつながる火を手にえたい。実際，自分は「動物」から阿修羅を経て，「人間」になろうとしているのですね。ときどき，自分がつくった餌を「動物」にやり，自分がつくったくだものを「人間」の子供にやるとき，あるいは教会のなかで，ろうそくの燃えているのを見る場合，

私は自分の「故郷」に帰ったことを感じます。(同書，pp.309-310)

　この語りからわかるように，Nは，治療関係のなかで，過去を取り戻しつつ，自らが生きるべき未来をたぐりよせる。その語りは，治癒の根底に「回帰している核心状況」(同書，p. 307) を示している。心理療法において創造される物語世界とは，このようなものなのである。

3.　心理療法とイメージ

　次に，心理検査や心理療法の場面でよく用いられる樹木画というものを通して，クライエントの生きる物語が樹木という一つのイメージにも鮮明に映し出されること，したがって，クライエントが描く樹木のイメージに心を開き，そのイメージを深く味わうことで，クライエントの物語を共有することができること，そして，そうやってイメージの共有を通してクライエントの物語を共有することで，クライエントの物語が変容していくこと，を見ていきたい。

　紹介するのは，樹木画を通してクライエントと対話する木景療法の実践者である精神科医の加藤と丸井の事例である（加藤・丸井，2011）。なお，以下では，報告に従い，クライエントのことを患者と呼ぶ。

　最初に取り上げるのは，丸井が報告した鬱病を抱える55歳男性の事例である。丸井は，定期的な診察の傍ら，患者に対して木景療法を実施した。図12-1は，患者が初診時に描いた絵であり，この時丸井は「少し充電すれば良くなると思いますよ」とコメントしている。また，初診から2週間後に描かれた図12-2に対しては，「だいぶ良くなってきたようですよ」とコメントしている。

　そして，さらに9ヶ月後に描かれた図12-3を見て，丸井は咄嗟に「ご家族のことが心配ですか？」と聞く。すると患者は，「そんなことまで

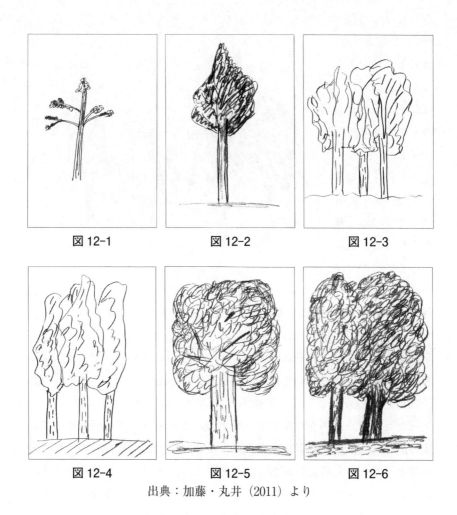

図 12-1　　　　　　図 12-2　　　　　　図 12-3

図 12-4　　　　　　図 12-5　　　　　　図 12-6

出典：加藤・丸井（2011）より

　分かるんですか？その通りなんですよ。店をたたんだら，家内と娘がど
うなるか心配なんです」と言ったそうである。丸井は，この時に患者と
通じ合ったと感じた，と報告している。

　図 12-4 は，その 1 ヶ月後に描かれたものであり，丸井は，「少し自信

が出てきましたね」とコメントしている。図12-5は，その3ヶ月後のものであり，図12-6は，さらにその3ヶ月後のものである。丸井は，この時，「奥さんのことが気になっているのですか？」と聞き，患

図 12-7
出典：加藤・丸井（2011）より

者は，「そうなんですよ。家内もはたらくことになったんですが，うまくいくか心配で心配で」と言っている。そして，図12-7の時には，「ご家族のみなさんはどうされていますか？」と聞く丸井に，患者は，家族みんなが順調にいっていて一安心，と答えている。

　以上からわかるように，治療者と患者は，樹木画を通してコミュニケーションし，思いをわかちあっている。この場合，樹木画を通して家族の話をして以降，患者は，樹木画をより積極的に自分の思いを乗せる媒体として使った可能性がある。このように，イメージには，クライエントの人生や生き方が反映され，心理療法では，それを媒介にして，人生の物語，クライエントの生きる世界が共有されるのである。

　ところで，心理療法において共有される人生物語，あるいはイメージ世界は，ポジティブなものだけではない。丸井の事例でも，図12-3や図12-6には，患者の心配というネガティブな要素が反映されている。事例からもわかるように，そのようなネガティブな要素の表現が治療的

に有効に働くためには，セラピストが，イメージを通してクライエント
の苦悩を感じ取り，それをわかちあい，それへの向き合い方を共に考え
る作業が欠かせない。とはいえ，それはいつもうまくいくわけでない。
イメージは多義的であり，そこには時に，容易に汲み取れないほど底知
れぬ心の深みが表される。次に提示するのは，そういうイメージ表現の
深みを教えてくれる事例である。そして事例は，心理療法におけるイ
メージ表現を決して侮ってはいけないこと，どこまでもそれを慎重に扱
うべきことを教えてくれる。

　事例は加藤が報告したもので，患者は，55 歳男性の鬱病患者であり，
初診から 2 ヶ月後に自死している。図は，この患者が 2 ヶ月の治療期間
に描いたものである。図 12-8 は，チューリップのようであるが，うな
だれ，苦しそうである。図 12-9 は，杉の木のようであるが，粗いタッ
チながら，枝の一部を取り出したところには，じつに繊細なタッチで，
杉の葉が描かれている。図 12-10 は，松のようであるが，やはり粗い
タッチで描かれた樹幹の一部が取り出され，そこに松の実が丁寧に描か
れている。そして文字で，「松の木の実のつもり」と記されている。

　図 12-11 では，風景が描かれている。広い野原に 1 本立つ杉の木。そ
こからは，遠く山のかなたへ続いている 1 本の道が伸びている。加藤は
これを，「息も絶え絶えに越えていかねばならない山の麓の一本杉」と
表現している。図 12-12 は，切り株に萌え出た芽，すなわち，ひこばえ
の絵である。古い木が倒され，新しい木が芽生えている。再生の予感，
あるいは再生への願望といったものを見る側に感じさせる。

　そして図 12-13 が最後の木である。ここで絵のタッチが変わり，非常
に繊細で美しい木が描かれている。しかも，左側の枝は，途中で急激に
折れ曲がり，天へ向かって伸びている。この患者の樹木画はこれが最後
で，患者はこの後自死したそうである。

図 12-8　　　　　　図 12-9　　　　　　図 12-10

図 12-11　　　　　　図 12-12　　　　　　図 12-13

出典：加藤・丸井（2011）より

　この最後の絵には，一種の完成された美しさがある。しかし，事例が
示すことからわかるように，そこに美しさだけを見るのは単純である。
鬱病を抱えて生きるということは本当に苦しいことである。その患者
が，治療の過程で，再生を感じさせるひこばえの絵を描き，美しい木を

描く。われわれは，ついそういう流れのなかで，イメージをポジティブにのみ見てしまうかもしれない。しかし事例は，イメージ表現はそのような単純なものではない，ということを教えてくれる。イメージ表現には，容易に計り知れないほどの人生の真実を集約的に表現する途轍もない力が秘められている。

　ここまで示してきたように，心理療法において描かれる樹木画には，クライエントが生きる物語が表現される。加藤は，木のイメージについて次のように述べる。

　　木は，天に向かって成長し樹冠となって大きく広がり，肥沃な土地に深く根ざし，春には花を開き秋には果実を実らせ，古来，多くの人の心を引きつけてきた。
　　その成長は，人間の生命と対比され，また，あまたの文化においては生命の樹として表されている。その木陰に人は保護を求めるのであり，またその果実は飢えと渇きを癒やすのである。そのように木は，保護し，養うという要素を具現化したものと言える。（同書，p.1）

　われわれ人間は，木に，大地から天へと向かう力，将来へ向かって先駆けていく力，などを体験し，樹冠の広がりに，人生の広がりと展開を体験するのである。だからこそ，そこには，人間の生き方，人生の物語が反映される。そして加藤は，心理療法場面において描かれる木のイメージについて次のように述べる。

　　樹木のありようは，心理療法の根本姿勢として，私のみでなく患者との包越性を共生共死的にそのまま表す。すなわち，幹は互いの垂直超越的宇宙軸となり，樹冠は互いの垂直軸に直突した水平軸として，宇宙軸を包み守る包括カバーの役をしている。（同書，p.1）

182

　ここには，心理療法における木のイメージに，セラピストとクライエントを超えて広がり，かつ両者を共に包む，そういう広大な世界が表現されていること，そして，セラピストとクライエントが共にその広大な世界へ向かっていく未来への動き——生へ向かう動きであると同時に死に向かう動き——が表現されていること，が示唆されている。河合（1991）も言うように，イメージは，自律性・具象性・集約性（多義性）・直接性・象徴性・創造性といった特徴を持つ。心理療法に携わるセラピストは，このようなイメージの複雑な特徴を十分に考慮しながら，クライエントの表現するイメージに向き合い，クライエントの物語を共に生きようとするのである。

学習課題

1. 自分の人生を象徴する風景を絵に描いてみて，そこにどのような物語が描かれているのか思いを巡らしてみよう。
2. 加藤・丸井（2011）を見て，木景療法の様々な事例に触れてみよう。

引用文献

加藤清（2012）．精神分裂病の治癒とは何か．山本昌輝・青木真理（共編著）．心理療法の彼岸——加藤清翁卒寿記念論文集．コスモス・ライブラリー, 301-314.（初出：加藤清（1965）．精神分裂病の治癒とは何か．精神医学, *7*, 206-209.）
加藤清・丸井規博（2011）．木景療法——樹木画による力動的治療．創元社.
河合隼雄（1991）．イメージの心理学．青土社.

13 | スクールカウンセリング

丸山広人

《**学習のポイント**》 1995年，公立学校にスクールカウンセラーが導入され，今では全国の小中学校に配置されるまでになっている。スクールカウンセラーの知名度は格段に上がっているといえるが，その仕事内容は意外と知られていないのが現状である。スクールカウンセラーは，相談室の中で仕事をしているだけではなく，教師や保護者と連携することも多く，その際には教師でもなく保護者でもない立ち位置で仕事をしている。本章では，筆者のスクールカウンセラーとしての経験をもとに，心理学という学問的背景をもつ仕事の代表例の一つである，スクールカウンセリングの仕事について解説する。
《**キーワード**》 コラボレーション，発達観，死と再生，理想自己

1. スクールカウンセリングとは

（1） 職務の内容

　スクールカウンセラー（School Counselor, 以下，SCと略記）が公立学校に配置され始めたのは1995年からである。それ以前にも私立学校の中にはSCを配置している学校もあったが数は限られていた。1995年当時は全国の公立小中学校のうち154校に配置されるのみであったSCは，令和2年度には，29,643校に配置され，以後も増やす方向性が示されている（文部科学省，2020）。

　SCの職務内容は，次のようなものになっている（文部科学省, 2020）。
①不登校，いじめ等の未然防止，早期発見及び支援・対応等

　（ア）児童生徒及び保護者からの相談対応

　（イ）学級や学校集団に対する援助

　（ウ）教職員や組織に対するコンサルテーション

　（エ）児童生徒への理解，児童生徒の心の教育，児童生徒及び保護者
　　　に対する啓発活動

②不登校，いじめ等を学校として認知した場合又はその疑いが生じた場
　合，災害等が発生した際の援助

　（ア）児童生徒への援助

　（イ）保護者への助言・援助

　（ウ）教職員や組織に対するコンサルテーション

　（エ）事案に対する学校内連携・支援チーム体制の構築・支援

　基本的には不登校やいじめ等の未然防止が中心となるが，学級に入っ
ての心理教育や災害等が発生した場合の支援，児童生徒および保護者に
対する啓発活動なども想定されている。昨今ではチームを支える一員と
しての役割も期待され（文部科学省，2015），学校での生徒指導・教育
相談の充実には欠かせない存在になっている。

（2）チーム学校の一員として

　学校では子どもの成長を促進するためにチーム支援が求められてお
り，SCもその重要なメンバーとして位置づけられている。SCにとって
チーム支援とは，専門職（教員）と専門職（SC）との援助関係を活用
して，クライアント（学校では子どもや保護者）を支援するということ
である。この関係には，コンサルテーションによる間接支援がなされて
きたが，近年ではコラボレーションの重要性が指摘されている。

　コンサルテーションとコラボレーションの大きな違いは以下のように
なる。コンサルテーションにおいてSCは，問題となっている子どもに

直接会うことはなく，その子どもに直接会って指導している教師や保護者を支援するという関係になる。そのため，子どもへの支援は間接的なものとなる（山本，1986）。一方，コラボレーションは，問題となっている子どもに SC も直接会いながら，教師とも連携し，互いの情報を補いつつ，それぞれが役割を分担して多面的に支援していく。守秘義務は守りつつも，互いの専門性を発揮しながら支援できるため，クライアントである子どものみならず専門職にとっても有益なかかわりの形態といわれている（内田・内田，2011）。

　本章では，学級担任（以下，担任とする）とのコラボレーションが実際にどのようになされているのかを取り上げながら，スクールカウンセリング業務の実態を紹介するとともに，学校での支援における SC の独自性についても解説したいと思う。

2. SC が教師から求められるとき

（1）担任が新たな視点を求めるとき

　担任が SC に相談するプロセスについてはいくつかの調査がなされている（吉村，2010；山本，2021）。それらを検討してみると，まずは子どもの言動が理解できない場合や，子ども自身が苦しんでいるのではないかと担任が心配する場合を挙げることができる。子どもの気になる言動について考えたい，できれば SC から専門的な知識を得て自らが考えるきっかけにしたい，対応方針を明確化したいという理由で SC を求める。筆者の経験ではこのような依頼がもっとも多いと思われる。

　このような場合，担任は SC に対して心理アセスメントと見立てを示してほしいというニーズをもっていると考えられる。SC とのコラボレーションによって担任は，自分の対応や子どもの見方を振り返り，自分の考えと SC の見立てを比較検討したりしながら，これまでとは違っ

た子ども理解を進めていく。そしてその結果，新しい見方を獲得できたり，自分でもうすうす気づいていたことの意味を明確化できたりすることによって，子どもにピントが合い，自らの不安やあいまいさを軽減できることもある。また，SCの見立てと自分の子ども理解の重なりが大きいので，自分のやり方は間違っていなかったと確信を得ることもある。

　担任に対しては，担任の困難な気持ちに共感する情動的共感だけでは役に立ちにくい。むしろ，担任の教育観や大切にしている価値観，どのような子どもを育てたいのかという理想といった，担任の認知面に焦点を当て，そこを丁寧に傾聴するような支援のほうが役に立つことが多い。そのようなところは，普段の忙しさの中では見向きもされず忘れがちになるところではあるが，教師それぞれの実践をかなり規定しているようにも思われる。この認知的側面への共感によって，自らの教育観を捉え直したり，異なる観点を得られたりすると，担任は柔軟性を取り戻して自信を回復することが多い。そしてそのことは，担任の心の中に考えるスペースを生み出し，子どもや保護者とのほどよい距離感を新たに見いだすことにつながりやすくなる。このゆとりの中で，担任が本来もっているユーモアのセンスを回復させたりすると，担任と子どもとの関係性が劇的に変化することもある。

（2）公正性を担保するために

　学級の中で担任は，公平な立場で子どもや保護者に対応しなければならない。そうである以上，担任が一人だけの味方になって，一方向に肩入れをして話を聞いたり指導したりすることは難しい。一人だけをひいきしていると思われることは，子どもとの信頼関係を損ないかねず，学級経営上も難しいだろう。たとえ，一人一人に寄り添ってゆっくり話を

聞いてあげたいという気持ちがあっても，その時間は限られており厳しいものがある。担任も時間があればじっくり聞いてあげたいが，この子やこの保護者のためには偏りのない公平な立場の専門家に聞いてもらうほうがふさわしいのではないか，という判断が働くこともある。このように自分の代わりとしてゆっくりと話に耳を傾けてほしいと思うとき，SC を紹介してつなげてくれることも少なくない。

　SC と相談した後，保護者や子どもの表情が明るかったり，落ち着いた様子が見られたりするならば，担任の働きかけが成功したともいえる。放課後など，その保護者や子どもに対する SC の見立てを伝えながら，担任と情報共有の時間がもてたりすると，SC への信頼感は高まりさらなる SC の活用につながりやすい。

（3）評価者であることの弊害を考えるとき

　担任は指導・評価する立場なので，子どもや保護者から身構えられ壁を作られてしまうのではないかと心配することがある。ここには，担任である自分が話を聞いても，子どもや保護者が本心を語れないのではないか，ありのままを表現できないのではないかという内容も含まれる。保護者や子どもが，学校や担任に批判的で言いたいことがあると判断できる場合や，プライベートなことなので担任には話しづらいのではないかと推測できる場合も，教員ではない SC の部外者性をうまく使って SC の活用が検討される。

　保護者が担任に言いにくいというのとは反対に，担任が言いにくいことを保護者に伝える場合に SC が求められることもある。例えば学習の遅れやこだわりの強さがある子どもに対して，担任がこの子には発達障がい的な困難があるのではないかと考えているときが挙げられる。医療との連携が必要であると担任には判断できるが，それを伝えることは保

護者との間に壁を作ってしまいかねない。担任の中には，発達障がいについて詳しくなく，あいまいな知識で対応することにも気が引けてしまうという人もいる。このような内容は専門家であるSCから伝えてもらったほうが，正確な情報を提供できるだろうし，保護者も安心できるだろうと考えることもある。

　いずれにしてもこのような場合，担任は子どもや保護者との対立関係を回避することで，関係の維持を図っていると思われる。そのためSCは，担任の想いや考えをよく理解しながら，第三者としての客観的で専門的な見方を提供したいと考えることが多いだろう。この際，担任の想いを翻訳して保護者に伝えることや，その逆を行うことによって双方をつなげる活動を目指すのもSCの役割と考えられる。

　SCとのコラボレーションによってこのような成果が見いだせると，そのコラボレーションはこれまで以上の信頼関係にもとづいた強固なものになる。このようなことが果たせるようになると，担任は子どもの様子をSCに話しながら，自分のかかわりを振り返るというように，ペースメーカーとしてSCを活用するようになることもある。このような動きが学校内に2，3出てきたならば，SCとのコラボレーションのニーズは加速度的に高まり，さらに連携はしやすくなる。

3. 発達観の違いを踏まえたコラボレーション

（1）学校という場の発達観

　これまで述べたように，SCは担任や保護者，子どもの気持ちを十分にくみ取って仕事をしようとしている。しかし，担任を立てれば保護者が立たず，担任と保護者を立てれば子どもが立たないという局面も出てくる。そのような場合，SCは自らの立ち位置を教師や保護者とは違うものとして位置づけることがある。その違いの最大のものは，心理臨床

独自の発達観にもとづいていることにあるだろう。

　発達観とは，人の発達がどのように進んでいくと思うかに関して，われわれが素朴に抱いている発達に対する見方である。一般に子どもに対応するわれわれにとって，その発達観というものは，子どもは努力することによって，スモールステップで右肩上がりに成長していくというモデルであろう。子どもたちの身長や体重は学年が上がるにしたがって大きくなり，また思考や行動も洗練されたものになっていく。1 学期にできなかったことが 2 学期にはできるようになり，たとえ壁にぶつかったとしても，何度も練習し努力することによって，その壁を乗り越えられることもあるだろう。このような発達観を仮に右肩上がりモデルと呼ぶことができそうである。実際に右肩上がりに成長している子どもの姿を数多く見ることができる以上，この発達観は間違っていない。

（2）右肩上がりモデルの限界

　SC は学校で仕事をしている以上，この右肩上がりモデルを否定するものではないが，このモデルだけで仕事をしているわけでもない。場合によっては，むしろこの発達観を退けながら仕事をしているといってもよいかもしれない。というのも，右肩上がりモデルの限界についても理解しているからである。

　SC は，人間関係がうまくいかないで孤立している人や，子育てが思うようにいかず悩んでいる保護者たちとのかかわりが多くなる。このような人たちに右肩上がりモデルでかかわるということはどのようなことだろうか。人間関係がうまくいかない人に対応する場合を取り上げて考えてみる。この人に対応した SC は，右肩上がりの発達観だけを当然のものとして受け入れているとしよう。するとこの SC は，人間関係のどのあたりに問題が生じるのかを分析し，そこにスキルの不足などを見立

てて，その不足を補うプログラムを導入する計画を立てるかもしれない。このように人間関係のスキルや新しい考え方を教えることによって，その問題を乗り越えさせようと考えているわけである。そして実際にそのプログラムを実施して，それを評価したうえで，さらに改善を施したプログラムを実施するだろう。

　もちろん，そのようなプログラムを受けたいというのが来談者の望みであるならば，そこに向けた支援をするのは当然である。しかしながら，そのようなことを求めて SC を訪れる来談者は意外と少ない。自分を変えようと思って来談しているのは事実であるが，だからといって新たなスキルを獲得したいなどと思っている人は少ないということである。むしろ，周りの人とうまくいかず自信を失い，悲しみや孤立をかかえて，それに打ちひしがれている自分の話を聴いてほしいと思っていることのほうが多いように思う。来談者はいろいろな人に相談し，助言を求め，自分なりに手を尽くしてみたけれど結局うまくいかず，意を決して来談しているものである。このような来談者に対しても，SC が右肩上がりの発達観だけで目標を設定し，そこに向かって努力を強いていくようでは，常識的な正論を語ることになりかねない。来談者は，SC の助言は当然のことと思いつつ，その提案に乗れない自分が悪いのだと考えて，自分を責めてしまうこともあるだろう。あるいはこの SC では自分のことを分かってもらえないと判断して，次の来談を拒絶するかもしれない。このようなことも考えて，SC は他にもいくつかの発達観を想定しながら仕事を行っているが，そのもっともポピュラーなものは，死と再生の発達観であろう。

（3）死と再生モデル

　右肩上がりモデルではうまくいかないと判断できるような場合，SC

は来談者とともに立ち止まって，今何が起こっているのか，この不調が
この人にとってもつ意味とはどのようなものなのかということを丁寧に
考えようとする。世間の常識を脇において，そこから少し距離をおいて
考えられる時間と空間を提供しつつ，来談者の洞察が深まるのを見守り
ながら待つ。そのときのベースにある発達観は死と再生の発達観である
（河合・山中・岩宮ら，2000）。

　死と再生の発達観では，来談者の不調の奥には，これまでの自分をう
ち捨てて（死），新しい自分として再生（新生）しようとしている動き
が出てきているのかもしれない，という可能性を探ることに重きをお
く。来談者は，これまでとは違う自分として，これまでとは違う仕方で
の生き方を模索しはじめているのかもしれない。来談者は，すでに自分
でも気づかぬうちに，そうしたルートを歩んでいるからこそ，あいまい
で言葉にならない気持ちを抱き，それが心身の不調として表出されてい
るのかもしれない。人が変わるということは，自分に足りないスキルや
考え方を身につけて，パワーアップする右肩上がり的なものだけではな
く，今までの自分の限界を悟りこれまでの自分を解体して，新しく生ま
れ変わるという発達観も必要なのである。

　このモデルは反抗期の子どもを理解するときによく使われる。子ども
が大人に反抗しているとき，その子どもは，これまでの大人の言いなり
であった幼い自分ではなく，自分を大人として扱ってほしいという願い
をもっていると捉えることができるだろう。このように反抗の意味を捉
えるならば，幼い自分を象徴的に解体（死）しつつ，同時に大人として
再生（新生）しつつある姿としても理解できる。このプロセスをやり遂
げるにはある程度の時間がかかるものである。そのプロセスに寄り添お
うとするとき，SC は教師や保護者とは異なる異質な存在としているこ
とになるが，そこに SC の独自性が発揮される。そして，コラボレー

ションがうまくいっているならば，そのような SC の意図は，担任や保護者にも十分に伝わるものである。

（4）二つの理想自己

右肩上がりモデルは，ある理想とする姿を掲げて，そこに到達することを目標として努力するときに採用される。学校では，上級生たちがたくさんおり，低学年が高学年を理想のモデルにしたり憧れをもったりすることは自然なことであろう。そのため，右肩上がりは子どもにとってもごく自然なモデルと考えられる。たしかに，理想像に近づけば近づくほど自分に対して自信がもてるであろうし，そんな自分を肯定もできるだろう。親や教師からも成長を認められるにちがいない。

われわれは，理想とする自分像というものを頭に描いているものであり，それは理想自己と呼ばれる。一方，現実の自分は，未だ理想に到達していない自分でありこれは現実自己と呼ばれる。理想自己は，こうなりたい，ああなりたいという，未だ到達していない理想像であり，現実自己はそれに到達していないからこそ，それに近づこうと努力もできる。したがって，理想自己がはっきりしていればそれだけ，継続して努力でき，また，その努力が報われて理想に近づくことができているという実感をもてるならば，自分に自信をもち自分に対する満足感も得られるだろう。つまり，われわれが自信をもち自分に満足できるときというのは，理想自己と現実自己の重なりが大きい場合が想定される。反対に，その重なりが小さかったり，ほとんどなかったりすると，理想とはほど遠いので，不安や不満，不全感などを抱えざるを得ないだろう。

自分に自信がもてず，自己を肯定することができない子どもが増えているといわれている。そのため，理想とする姿を描かせてそれに向かって努力させ，その達成をもって自分に自信をもたせようという発想にな

るのはごく自然なことである。しかし，このような場合も SC は違う発想をとることがある。というのも，SC は理想自己には，正の理想自己と負の理想自己という二つの理想自己があると想定するからである。ちなみに，この正と負という意味は，良い悪いという価値づけはなされておらず，方向性の違いをあらわしているだけに過ぎない。

　これまで述べてきたように，理想というと「あのようになりたい」といった理想的な姿を想い描き，そこに近づくために努力するという方向を考えやすい。この方向は理想の自分を獲得するという意味であり，正の理想自己などと呼ばれることがある。先に述べたように，現実自己と正の理想自己の距離が近づき，その重なりが大きくなればなるほど，理想と現実が一致していくので，自分に自信が持てたり，自分に満足できたりすると考えられる（図 13-1）。

　一方，「あのようになりたい」ではなく，「ああはなりたくない」という，なりたくない自分のほうがはっきりしていることもある。この「ああはなりたくない」という自己像は負の理想自己と呼ばれる（遠藤，1992）。この場合，現実自己は負の理想自己と離れていればいるほど，その重なりが小さければ小さいほど，嫌悪する姿から離れていくので自分を肯定しやすくなる（図 13-2）。

　正の理想自己よりも負の理想自己のほうが思い浮かびやすいという人は少なくない。もし，負の理想自己のほうが浮かびやすいのであれば，

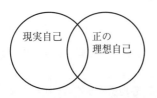

図 13-1　現実自己と正の理想自己

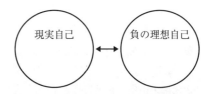

図 13-2　現実自己と負の理想自己

その負の理想自己を明確にして，そのようにならないためにはどうすればいいか，そこからの距離を保っておくためにはどうすればよいのかというようにアプローチすることができるだろう。

　理想自己にも正と負の方向性があるということ知っておけば，理想自己のありようをまずはアセスメントをしてから，自信のない子どもにかかわるということもできるだろう。右肩上がりで努力するということも一つの手であるが，それで先へ進めなくなるとき，発想を変える必要があり，そのとき SC は求められる。SC は教師や保護者と同じ発達観やものの見方をもっておかないと有益なコラボレーションなどできないが，一方では，あえて違う発達観やものの見方ももっておかないと，自らの専門性や独自性を見失いかねない。SC は教師や保護者と同じ目標を共有することが必要であるにしても，そこにたどり着くまでのルートは異なる可能性があることに自覚的でなければならず，またそれを知ってもらう努力もする必要がある。

学習課題

1. 死と再生の発達観が当てはまるような経験があるかどうかについて思い返してみよう。
2. 自分の正の理想自己と負の理想自己について考えてみよう。

引用文献

遠藤由美（1992）．自己評価基準としての負の理想自己　心理学研究，63 (3)，214-217.
河合俊雄・山中康裕・岩宮恵子・川戸圓（2000）．心理療法とイニシエーション

岩波書店

文部科学省中央教育審議会（2015）．チームとしての学校の在り方と今後の改善方策について（答申）．
https://www.mext.go.jp/b_menu/shingi/chukyo/chukyo0/toushin/__icsFiles/afieldfile/2016/02/05/1365657_00.pdf（2023 年 5 月 28 日閲覧）

文部科学省（2020）．スクールカウンセラー等活用事業に関する Q & A
https://www.mext.go.jp/a_menu/shotou/seitoshidou/20230406-mxt_kouhou02-2.pdf（2023 年 5 月 28 日閲覧）

内田利広・内田純子（2011）．スクールカウンセラーの第一歩―学校現場への入り方から面接実施までの手引き―　創元社

山本和郎（1986）．コミュニティ心理学―地域臨床の理論と実践―　東京大学出版会

山本渉（2021）．スクールカウンセラーと担任教師の協働－教師はどんな期待を持って協働に臨み，何を得ているか－　日本評論社

吉村隆之（2010）．教員がスクールカウンセラーへ相談するプロセス－スクールカウンセリング活動の透明性－心理臨床学研究，28（5），573-584．

14 | 教育相談センター・室における心理臨床

波田野茂幸

《**学習のポイント**》 教育分野の心理臨床は主として学校で行われている。心理職は学校内でスクールカウンセラーとして活動する他に，教育相談センター等学校外から支援を行う立場もある。学校教育は特別支援教育が展開されるようになったことで，学校の外にある教育相談センター等に支援を求めるニーズが高まっている。また，教育相談センター等では地域の中で子どもの虐待防止や子育てが安心して行えるように，保護者を支えていく機能も求められている。ここでは地域の中にある教育相談センター・室の役割について紹介すると共に，そこでの心理臨床の実践，心理職の役割について考えてみたい。
《**キーワード**》 教育相談センター・室，教育相談，就学相談，巡回相談，コンサルテーション，多職種連携，チーム学校

1. 教育相談センター・室における教育相談

　学校現場では不登校やいじめ問題など様々な心理的な問題が生じている。令和4（2022）年度に文部科学省が行った調査によると小・中・高等学校及び特別支援学校における「いじめ」の認知件数は681,948件，小・中学校における長期欠席者のうち，不登校児童生徒数は299,048人であり不登校児童生徒数は過去最多であった（文部科学省，2023）。

　2010年3月に刊行した『生徒指導提要』では第5章に「教育相談」の章があり，教育相談の意義，教育相談体制の構築，教育相談の進め方，スクールカウンセラー，専門機関等との連携などについて述べられている。2022年12月，いじめ防止対策推進法等の関係法規が成立したこと

や，学校や生徒指導を取り巻く環境変化による生徒指導上の課題の深刻化を踏まえ，文部科学省は 12 年ぶりに『生徒指導提要』(2022) の改訂を行った。改訂版では生徒指導の基本的な考え方や取り組みの方向性等を再整理し，自殺，中途退学，インターネット・携帯電話に関わる問題，多様な背景をもつ児童生徒など今日的な課題への対応を目指した構成となった。

　このように学校教育を巡る児童生徒の諸問題についての対応を目的に都道府県，市区町村の教育委員会には教育センターなどが設置されている。その中で心理職が主として配置されているのは，児童生徒の心理的問題について専門的に対応している教育相談センター・室である。教育相談センター・室は教育研究所や教育相談所など自治体によって名称が異なるが，主な活動内容は児童生徒の学校生活において生じている問題や保護者の子育て上の心配・不安等に対する相談業務であり，心理職は相談員として対応にあたっている。また，児童生徒理解を深め教育相談に基づく活動を推進していくための講演会や研修会なども実施している。さらに，教育課題に関する調査や研究などの業務が含まれている場合もある。

　その他にも小・中学校への就学にあたり，児童生徒が最も適切な就学先を相談する就学相談業務，学校からの依頼を受け子どもの支援に必要なニーズを把握した上で教師へのコンサルテーションを行う巡回相談などの業務にも心理職は携わっている。また，不登校の児童生徒等に対して学校への復帰を支援していくための教育支援センター（適応指導教室）にも心理職を配置している場合があり，相談や支援活動に携わっている。

　本稿では日本の教育相談活動の始まりを振り返りながら，学校現場を学校の外部から支えている教育相談センター・室の成り立ちについて概

観し，その活動を紹介してみたい。また，教育相談センター・室等は教育委員会の組織に含まれているため，学校との関係においては言わば「身内」にあたる。しかし，同時に地域住民にとっては子どもについての相談機関でもある。その意味で，地域住民への子育て支援を担う役割も含まれている。このように保護者や児童生徒に対する相談や心理的援助から，学校に出向いていくアウトリーチによる支援など多様で幅のある業務が含まれている。以上のことを踏まえた上で教育相談センター・室での心理職の職務や役割について説明し，教育相談機関における心理臨床の意義について考えてみたい。

2. 日本の教育相談活動

わが国の教育相談の歴史は大正時代にまで遡るといわれている。児童相談事業の変遷をまとめた吉田（2007）によれば，急激な都市化や人口増加を背景に都市部における社会的ニーズや問題に対応するため，医学や心理学などの知見を活用した方法による対策が様々な主体によって取り組まれたという。児童健康相談事業から始まり，少年職業相談事業が開始し，同じ頃に教育相談事業も始まった。吉田（2007，p86）は「知的障害児を心理学検査で発見し，障害に即した指導や教育，そして相談を行っていた」と当時の相談事業の特徴について指摘している。広木（2008）も当時の教育相談は学校を中心に行われていたわけではなく，各地の職業相談所における職業指導の合間に行われていたとしている。

この当時は第一次世界大戦を契機に飛躍的に近代産業が展開した時期であり，中等教育や高等教育の拡大がなされた。そのような中で児童の能力や性質に適った職業に就かせていくために，学校と連携し能力や性質の検査を行うようになった。つまり，学校外の場で進路指導や就職指導が行われていたことが教育相談の萌芽ともいえる筋道につながって

いったと考えられる（吉田，2007）。このように，教育相談の始まりは学校教育を卒業後，児童生徒がより自分の適性に適う進路を選び，産業社会の中に入っていけるように支援する活動であったといえる。

　教育相談の萌芽期では，児童を対象とする研究についても盛んになった。心理検査を実施し，その結果に基づいた指導や教育につなげていく実践は感化院や大学等の教育機関や公立の児童相談所などの施設にて行われた。当時は制度的基盤がなかったが，やがてこのような実践の成果が認められるようになり，法律等が整備され制度化されていった。

　教育相談専門機関としては 1915（大正 4）年にわが国初となる児童の相談機関である「児童教養相談所」が設置された。しかしながら，独立した施設がなく相談料金が高額のため相談機関としては続かなかった。独立した専用施設をもち児童の相談を最初に行ったのが，北垣守が 1917（大正 6）年に開設した「児童教養研究所（目黒）」の付属施設となる「児童相談所」であった。児童教養研究所（目黒）には日本において最初の児童の相談を心理学者として行った久保良英が参加した。その後，1919（大正 8）年に大阪市立児童相談所，1921（大正 10）年に東京府代用児童研究所，広島県社会事業協会児童相談所，1925（大正 14）年に東京麹町区児童教育相談所などが次々と設立されていった。

　このように大正時代の教育相談機関が大都市を中心として設置されてきたのは，先述したように児童生徒の進路相談と職業相談との関連をもたせていく必要があったためだと考えられる。当時は大都市に人が集まり，大都市の勤労者が増加していくという社会の構造的変化が起きていた。都市部に人口流入が起き都市生活者が増えていくことは，核家族化が進むことであり家族形態が変化することでもある。都市中間層といわれる階層が形成され新中間層が登場した。新中間層とは，官吏，教育関係者，銀行員，医師，弁護士など中等教育以上の学歴をもつ職業人であ

る。地主や農民，商工業者らを旧中間層と呼ぶことに対して新中間層と呼称された。新中間層の中には子どもの教育に熱心で，上級学校への進学を志向する保護者もいれば，反対に子ども中心主義の思想に立つ自由教育志向を求める保護者もいた。進学をすることはより高い階層への移動を可能にする手段と考えられ中等教育や高等教育の機会拡大に向けた社会的圧力が生じた。それを受け，政府は大規模な教育制度改革を断行することで対応を図った。このように社会の変化により制度が変わったことは，大都市及びその周辺に住む中間層世帯の児童生徒や青年の就職や進学の機会拡大につながったといえる（広木，2008）。つまり，児童生徒がより的確な進路や職業選択を行うための相談や指導へのニーズが生じたことで，教育相談という新たな活動が誕生するに至ったと考えられる。

　ところで，この頃アメリカでは各種の心理検査が生まれ，相談方法についても研究が隆盛であった。この動向は進路相談や職業指導の中にも影響を与えていく。1936（昭和11）年に東京文理科大学（現筑波大学）に教育相談部が作られた。ここでは田中寛一らによる田中・ビネー式知能検査法などの知能検査法の開発と標準化がなされたが，これは日本の教育相談活動の展開に影響を与えた。

　以上のことから日本の教育相談活動の端緒は学校外の相談活動に起源があるといえる。その活動は「試行錯誤，模索の範疇を出るものではなく，地域的にも限定されたもの」であったが，学校の校内に留まる活動ではなく，より広範囲に関わる実践活動に基づく成立過程があったと考えられる（文部省，1990）。

　一方，学校で行われる教育相談活動は1950年代のアメリカにおけるガイダンス理論が日本に紹介されたことから始まった。わが国において「ガイダンス」は「生徒指導」と翻訳され学校現場に広まっていった（広

木，2008）。それは，子どもの人格の尊重，個性を伸ばすこと，同時に社会生活上の倫理観を向上させ社会性を習得させていくものと考えられた。ガイダンス理論を計画的に学校で実施していく方法として，学校におけるカウンセリング（教育相談）を導入し生徒指導の効果を期待した。

　また，同時期に教育相談の方法としてロジャース（Rogers, C. R.）の1対1を基本とした非指示的カウンセリングである来談者中心療法が紹介されて一部の相談機関や学校の中に導入されていった。来談者の自己成長の実現を目指し，非指示的な傾聴に注力していくアプローチは当時のアメリカにおいて最先端のカウンセリング技法であった。このアプローチは相談機関では評価される考え方となったが，学校現場では普及しなかった。広木（2008, p.19）は，「敗戦という状況のなかで戦争への荷担という厳しい体験を共有させられた教師たちの思いや，貧困と差別という重い現実を背負った当時の子どもの生活実態からは遊離したものととらえられたからにほかならない」とその理由について述べている。また当時は，無着成恭の『山びこ学校―山形県山元村中学校生徒の生活記録』等，戦後民主主義教育の実践記録など生活綴り方的な教育や指導方法を用いた生活指導に対する共感も大きかった。つまり，カウンセリングのように内面に向き合うよう個別に相談をしていくことよりも，集団活動を通して学校生活を経験していくことで社会性や規範意識のある態度形成や行動が習得されていくという考え方への関心が教師たちには強かったと考えられる。個人を尊重し，教育や指導をする側も教育を受ける側も対等な関係に立って相手の話を聴き，自分の意見や感情を表現していく関係性を大事にしていくというロジャースの技法は民主的な方法といえる。しかし，当時は「スパルタ教育」という言葉で象徴されるような指導者としての権威を崩さない教育信念を強くもつ教員も多く，教育相談の志向性が高い教員との対立もあった。

　その後，文部省（1965）の『生徒指導の手びき』において，「生徒指導は，人間の尊厳という考え方に基づき，ひとりひとりの生徒を常に目的自身として扱う。それは，それぞれの内在的価値をもった個人の自己実現を助ける過程であり，人間性の最上の発達を目的とするものである」（同書，p.11）と定義した。同時に生徒指導の一部として教育相談を位置づけ，「ひとりひとりのこどもの教育上の諸問題について，本人またはその親，教師などに，その望ましいあり方について助言，指導をすることを意味する。いいかえれば，個人のもつ悩みや困難を解決してやることにより，その生活によく適応させ，人格成長への援助を図ろうとするものである」（同書，p.134）と定義した。1960年代後半から1970年代の日本の学校現場では非行や校内暴力等の行動化する問題への対応に迫られ生徒指導が行われた。「荒れる学校」を収めていくために生徒への叱責や懲戒を繰り返し行い，管理を強化して規律維持をしていくことで児童生徒の問題について表面的には沈静化をさせていく生徒指導が行われた。しかし，1970年代後半から1980年代にかけて学校現場はいじめ，自殺，登校拒否（不登校）の増加など非社会的行動が児童生徒の問題としてクローズアップされていくようになる。このような児童生徒の内面にある「見えない問題」に対して，彼らのこころに注目し，アプローチをしていく方法としてカウンセリングが再度注目されるようになってくる。つまり，児童生徒の内面を理解した上でアプローチをしていくことが重要視されるようになった。

　この当時，教師の間で席巻した言葉が「カウンセリング・マインド」である。この和製英語は，カウンセリングの技法や治療的意味合いを含むのではなく，教師が児童生徒との関係づくりにおいて留意すべき基本的態度を示していると考えられる。つまり，狭義の教育相談のアプローチではなく，人間関係が基盤となる教育活動全体を通して貫かれる人へ

の態度や教師としての姿勢を意味しているといえる。現在の学校現場では教育相談やカウンセリングについての一定程度の知識や技能の習得が教師には必要とされるという考え方に至っている。一方，教育活動を専門とする教師が学校においてカウンセリングを行うことへの限界も指摘されている（住田，2011）。つまり，教師だけでは多様化し様々な様相を示す児童生徒の心理的問題に対応することへの難しさがあると考えられる。そして，文部省（現文部科学省）は，いじめ問題の傷つきによる心理的回復に時間をかけケアにあたっていける専門家を学校に導入するために，1995（平成 7）年に「スクールカウンセラー活用調査研究委託事業」を開始し，スクールカウンセラーの学校現場への導入へと展開していった。現在では，学校はチームとしての学校（チーム学校）を目指すようになり，教師以外の専門職も活用して教育相談体制を作っている。

　また，2007 年よりわが国で始まった特別支援教育の導入は学校教育全体の体制に影響を与えた。その結果，学校においてはより組織的に教育相談を行うことになり，学校外にある教育相談センター・室に対しては，特別支援教育が学校内や地域社会の中で円滑に展開していけるように支援をすることが求められるようになった。さらに，2014（平成 26）年 8 月「子供の貧困対策に関する大綱」など子どもへの貧困対策が国の施策として施行された。これを受けて学校や地域にある教育相談センター・室においてもこの施策に沿って連携を強化しながらスクールカウンセラー，スクールソーシャルワーカーなどの専門家との協働が求められるようになった。

3．教育相談センター・室の役割と機能

　教育相談センター・室等の機関は，都道府県及び市町村が設置し教育委員会の組織に含まれている場合が多い。教育委員会は地方教育行政の

組織及び運営に関する法律第 30 条（文部省，1956）に基づき設置され，自治体によって，それぞれの機関は条例・規則・要綱などにより教育相談についての行政上の位置づけが明確にされている。機関として行政上の位置づけが法的に明確になることで，災害や事件・事故などの危機対応が求められる場合に有機的な支援が実施できるといえる。

　教育委員会は管轄地域の学校教育，社会教育，文化，スポーツ等に関する事務管理を担う役割がある。行政上の立場としては管轄地域の学校への管理や指導を行う位置づけとなる。例えば，学校から報告や連絡，相談をされた場合は，それに対して指導や助言，援助をすることで学校を支え，学校現場での諸問題に対する責任を共に負う立場となる。2015年に上記の法律の一部改正がなされたことで教育委員会の教育行政に対する責任体制が明確化された。また，従来の指導・管理機能だけではなく，学校への支援やアドバイスといった機能が重要視されるようになった。例えば，いじめ問題への教育委員会の取り組みとしては，恒常的に各学校に応じた支援を行うことや個別事件についての学校や保護者に対する支援などが求められている。従来からある学校へのスーパービジョン的な役割だけではなく，状況や問題に応じてコンサルテーション的な関わりをすることで学校や子ども，家庭を支援していく役割を担うようになったといえる（小林，2017）。

　教育相談センター・室には地域の学校教育に関わる諸問題やそこに関連する教師や児童生徒，保護者も含めた支援が期待されている。子どもや保護者にとって身近な地域にある相談機関であり困った時にいつでも相談を受けてもらえる敷居の低さが求められる。一方で，学校の教職員にとっても子どもの心理的問題について教師とは異なる視点で共に考え，検討してもらえる相談機関である。子どもの心理的問題について保護者から相談先の紹介を求められた際には，学校にとっては最も紹介が

しやすい相談機関といえるであろう。

4. 教育相談センター・室における業務と心理職の役割

　従来，教育相談センター・室においては，退職をした後の教員経験者
が再雇用され相談業務にあたることが多かった。それは教員に対する指
導，また，学校と家庭との関係がうまくいかない場合にその両者の間に
立ち調整役として機能していくためであった。しかしながら，先述した
ようにいじめ，暴力，不登校，発達障害など学校における子どもの諸問
題や子どもの生活環境の個別性を踏まえ，個々の心理発達的様相を理解
した上での支援が必要になってきている。加えて，子どもの背景にある
家庭環境や育児にあたっている保護者への支援も重要になっている。子
どもの心理的問題の背景には家族関係や夫婦関係などの家庭の事情があ
り，保護者自身も子育てに対して悩みを抱えている。このように心理的
援助は子どもだけではなく大人にも必要となったため，臨床心理士等の
心理職を相談員として配置するようになったと考えられる。また，現在
では保護者や子どもへの心理的援助だけではなく，子どもの行動観察等
を通して教師へのコンサルテーションを行うといったニーズへの対応も
心理職に求められている。

　そこで以下，教育相談センター・室では具体的にどのような業務があ
り，どのような相談に応じているのかについて述べてみたい。現在の教
育相談センター・室の業務は自治体によって組織構造に違いはあるが，
多くは教育相談，就学相談，巡回相談に事業が分かれている。

（1）教育相談

　教育相談においては不登校，発達障害，行動面の問題，対人関係の問
題などを主訴とした相談に応じている。初回面接時から子どもと保護者

が一緒に来談する場合もあれば，保護者の相談から開始した後に子ども
が来談することもある。子どもにはプレイセラピー，保護者にはカウン
セリングなどの心理的援助を継続的に提供している。保護者が自発的に
相談を申し込む場合もあれば，在籍園や学校から紹介を受けて来談する
こともある。一般的な相談の流れとしては，保護者が電話で申し込み，
受理面接（インテーク）を実施した後に，インテーク会議にて対応方針
や担当者を決める。相談が継続されていく場合は，担当者より相談者に
対して方針を伝え相談が開始される。インテーク会議では受理面接の内
容や子どもの様子を検討し見立てを作っていくが，その際に必要に応じ
て心理検査実施の有無や医療や学校との連携の必要性，他の専門機関へ
の紹介も含めて検討を行っていく。このように来談者の心理的問題だけ
ではなく，来談者の生活環境の中にある要因も含めた検討をしながら見
立てを作っていく。例えば，いじめ問題への心理的支援においては，被
害者への心理的ケアの観点だけではなく，学校への働きかけが必要とな
る場合もある。学校との連携の在り方，スクールカウンセラーやスクー
ルソーシャルワーカー等の専門職とどのような協力をどのタイミングで
行うかといった判断もインテーク会議において検討されていく。その他
教育相談員の役割には，学校への支援がある。例えば子どもと保護者を
教育相談センター・室に紹介していきたいものの，それが難しい場合に
は，学校からコンサルテーションの依頼を受けて対応について検討する
場合がある。また，状況によってはスクールカウンセラーやスクール
ソーシャルワーカー等，学校内で活動している教師外の専門家との連携
やコラボレーションについても検討をして，対応方針を決めていくこと
もある。

（2）就学相談

　障害者の権利に関する条約が第 61 回国連総会（2006 年 12 月）において採択されるなど，障害者の権利に関する国際的な潮流を受け，文部科学省や中央教育審議会初等中等教育分科会においてわが国における特別支援教育の在り方等についての議論がなされていった。その結果は2012 年 7 月「共生社会の形成に向けたインクルーシブ教育システム構築のための特別支援教育の推進」（報告）にまとめられた。それを受け国は学校教育の中で障害のある子どもの自立と社会参加を見据えた上での教育，子ども一人一人の教育的ニーズに最も的確に応える指導の提供を目的に多様な制度の仕組みを整備していった。2021（令和 3）年 1 月には「新しい時代の特別支援教育の在り方に関する有識者会議報告」に取りまとめられ，わが国における特別支援教育についての方針が示された（文部科学省，2021）。

　就学相談とは，翌年度に就学予定となる子どもたちのうち，発達に心配がある子どもを対象として学校や学びの場について相談を受けていくものである。特別支援学級，特別支援学校などの学校選択や通常学級に在籍しつつ巡回指導等を受けていくなどの学びの場について就学相談員は保護者と共に考えていく。翌年度に就学を予定している子どもを対象としているため，限られた相談期間の中で保護者の考えがまとまっていくように就学相談員は支援をしていく必要がある。

　就学相談の流れは自治体によって違いがある。一般的には、保護者からの申し込みにより開始し，受理面接，発達検査の実施，集団内の行動観察，希望する学級や学校での授業の体験などが実施される。また，必要に応じて，医師の診察や所見，継続相談等からの情報を集約していく。それらの情報は，教育支援委員会（自治体によって名称が様々であり，就学相談等検討委員会，就学支援委員会など呼ばれる）に向けて資料と

してまとめられていくが，就学相談員には資料の取りまとめの一部を担う役割がある。教育支援委員会は教育，医学，心理学，言語聴覚等の専門家による検討の場であり，学校，家庭状況も踏まえた上で子どもにとって適切だと考える就学先について審議をする。その結果を保護者に伝え，了承されれば就学相談は終了となる。保護者と考えが異なる場合，就学相談は継続されていく。保護者の中には翌年就学を迎えていく段階になり在籍園から相談を勧められ戸惑いの気持ちを抱えたまま就学相談の場に臨まれる場合もある。就学相談員は保護者の心情を理解し受け止めながら相談を進めていく必要がある。また，就学相談員は教育支援委員会における資料のうち，子どもの行動観察記録や心理検査所見作成をしていくが，就学後の指導の参考となることも踏まえた作成が大切といえる。

（3）巡回相談

　巡回相談は児童生徒一人一人の支援に必要なニーズを把握して，支援の内容や方法を明確にするために特別支援教育を展開していく中で整備された。巡回相談員は担任，特別支援教育コーディネーター，保護者など児童生徒を支援する立場にある者からの相談を受け，助言を行っていく。そのため，巡回相談員は特別支援教育についての知識と技能を有するだけではなく，発達障害に関する知識や理解も求められる。加えて，地域にある支援機関を知っていることや機関との連携を図り，関係を作っていけるコミュニケーション技能が求められる。また，巡回相談員となる心理職には心理検査が実施できることや結果を解釈できるだけではなく，行動観察から対象となる児童生徒の状態について把握し，見立てを作ることも求められる。支援の対象となる児童生徒は幅広い年齢層であり，集団場面での状態についても把握しながら対象となる子どもの

状態を理解していく必要がある。

　巡回相談は学校から要請を受けて開始される。巡回相談員は学校側のニーズと対象となる児童生徒の特徴として捉えている点を十分に把握した上で行動観察を行う必要がある。授業場面によってよく取り組めている学習内容もあれば子どもが困難さを感じている場面もあるであろう。その両面について把握していくことが大切といえる。課題にうまく取り組めている点からは指導や支援方法のヒントが含まれている可能性がある。困難さを感じている場面では，どのような状況の中で困難さが生じるかについて支援をする側が理解することができれば改善に向けた目標について検討しやすくなる。

　ところで，学級は集団活動の場であり，学校の状況により人的・物理的制約がある。そのような条件も把握し，巡回相談員は子どもへの支援について教師が実践可能な支援内容や方法について一緒に考え検討していくことが大切になる。そして，継続的に相談に応じていくことで，支援の効果について確認していく。このように巡回相談員は教員の支援に対してフィードバックを返しながら支援方法について一緒に検討し，評価することで，お互いに支援方法について学び合うことができるといえる。

5.　まとめ

　行政が設置した教育相談センター・室は地域の中にあり，心理職は来談する保護者や子どもに対して相談やカウンセリング，心理療法等を提供していく。また，学校関係者にはコンサルテーション等の機会を提供し，間接的に子どもたちの学校生活を支えている。これを心理臨床のモデルに照らし合わせて考えてみると，前者は伝統的個人心理臨床の基盤となるクリニカル・モデルであり，後者はコミュニティ心理学の中で展

開してきたコミュニティ・モデルに基づく地域援助といえる。

　子育てにおける迷いや不安，困惑は誰もが抱くものであるが，保護者の中には身近な人に子育てについて相談をしたい気持ちがあっても，抵抗感を持つ場合がある。また，子育てを通して保護者自身が抱えていた葛藤が意識化されることもある。しかしながら，そのような語りを聴いてもらい，気持ちの整理ができる場は地域社会の中では少ない。教育相談センター・室における相談員は，保護者が安心して養育体験について語れる場を提供することができる。就学相談では相談を通して子どもの障害について直面していく保護者がいる。相談員は保護者の複雑な気持ちの動きを受け止めていけるように傾聴することで，保護者が気持ちを整理することへのサポートを行うことができる。

　また，地域には心理的支援を必要としながらも支援の場がわからずにいる場合や，相談行為自体に敷居の高さを感じなかなか来談できず援助を受けられずにいる人もいる。しかし，行政における相談業務は，全ての地域住民が対象となる。下川（2012）は地域援助実践を通して，現在の様々な現場にコミットしている心理士が援助対象としている人は査定と面接だけの定型的なアプローチに乗らない人が多いことを指摘している。教育相談センター・室における心理臨床実践では，自ら来談し定型的なアプローチに応じていくことが難しい状態にある人たちも想定した幅の広い支援窓口の設定や，支援が届くアプローチについて考えることも大切になると考えられる。

　さらに，学校現場で教師は児童虐待や子どもの貧困，母国語が日本語ではない外国籍家族，ステップファミリー（子連れ再婚家庭）といった様々な家族背景や家族形態がある子どもたちと関わり合っている。家族が抱える課題も多様化し，学校で子どもの問題行動として表された場合に教師だけで対応することが難しく，医療や福祉など多職種連携による

対応が求められることもある。教育相談センター・室の心理職は教師にとって相談や連携がしやすい身近な相談員になることで，子どもの心理的理解や保護者との関係作りなどを共に考えていける役割が果たせる。そして，地域資源について知り，必要に応じてそれらに橋渡しをすることで学校や教師を外から支えていくチーム学校の一員として貢献していくことが期待されている。

学習課題

あなたが居住する地域の教育相談センター・室がどこにあるか調べてみよう。また，そこではどのような相談窓口が設けられているか確認してみよう。

引用文献

広木克行（2008）．教育相談の歴史・役割・意義　広木克行（編）　教育相談——教師教育テキストシリーズ——（pp.14-32）学文社

小林真理子（2017）．臨床現場から 2——教育センター・教育相談室——小林真理子・塩崎尚美（編）　乳幼児・児童の心理臨床（pp.213-229）　放送大学教育振興会

文部省（1956）．地方教育行政の組織及び運営に関する法律第 30 条（法令検索）Retrieved from https://elaws.e-gov.go.jp/document?lawid=331AC0000000162（2022 年 12 月 26 日）

文部省（1965）．生徒指導の手びき（第 1 集）　大蔵省印刷局

文部省（1990）．学校における教育相談の考え方・進め方（第 21 集）　大蔵省印刷局

文部科学省（2021）．障害のある子供の教育支援の手引——子供たち一人一人の教育的ニーズを踏まえた学びの充実に向けて——　文部科学省初等中等教育局特別

支援教育課 Retrieved from https://www.mext.go.jp/a_menu/shotou/tokubetu/material/1340250_00001.htm（2022 年 12 月 26 日）

文部科学省（2023）．児童生徒の問題行動・不登校等生徒指導上の諸課題に関する調査結果について（令和 4 年度）　文部科学省初等中等教育局児童生徒課 Retrieved from https://www.mext.go.jp/content/20231004-mxt_jidou01-100002753_1.pdf（2023 年 10 月 22 日）

下川昭夫（2012）．コミュニティ臨床への招待——つながりの中での心理臨床——　新曜社

住田正樹（2011）．児童・生徒指導の現代的問題　住田正樹・岡崎友典（編）児童・生徒指導の理論と実践（pp.224-236）　放送大学教育振興会

吉田幸恵（2007）．大正期の児童相談事業に関する研究　人間文化研究，7，79-92．

15 | 心理学の資格

桑原知子・北原知典・伊藤 匡

《**学習のポイント**》 放送大学で目指すことができる心理学関係の資格には，「認定心理士」「公認心理師」そして「臨床心理士」がある。これらの資格はどう異なるのか，理解する。また，心理学を学ぶうえでの資格の持つ意味についても考えてみたい。

《**キーワード**》 資格，認定心理士，公認心理師，臨床心理士

1. はじめに

　心に関わる心理学は，対人関係や自己理解など，人間の活動や認識にとって重要な貢献を果たすことができる。一方で，だからこそ，心に関する誤った知識や理解は，人を傷つけてしまう危険性も含んでいるのである。そのため，心理学を正しく理解し，それを応用する必要があり，それを担保するものとして資格制度が存在する。少なくとも一定以上の知識や理解が得られていることを，何らかの方法で確認するのである。

　ただし，「少なくとも一定以上の知識や理解」がどの程度であればいいのか，また，そうした知識や理解が確かに得られていることをどのような方法によって検証すればよいのか，これは非常に難しい問題であり，心理学関連の資格が一筋縄では確立されてこなかったこと，そして，複数の資格が存在することにつながったと考えられる。

　いずれにしても，資格の問題は，心理学をどのように考え，何を重要と考えるのかということと密接に結びついており，資格の問題を考えることは，単に資格を取得することを目指すということではなく，心理学

の根本問題に触れることになると考えられる。

　以下の節においては，まず放送大学で取得可能な3資格（認定心理士，公認心理師，臨床心理士）について，それらの違いや取得プロセスを概観し，その後，心理学において資格を取るということの意味について，考えてみたい。

2. 資格の特徴と資格取得までのプロセス

　詳細は以下の節に譲るとして，ここでは全体としてこれら3資格の特徴と概要を述べることとしたい。

（1）どのような団体が，何を認定するのか

　認定心理士と臨床心理士は民間資格であり，公認心理師は2015年に成立した「公認心理師法」に基づく国家資格である。

　また，認定心理士は，心理学全般の知識や理解を認定するのに対して，公認心理師と臨床心理士は，主に臨床心理学を中心とする内容を認定している。

　さらに比較するならば，認定心理士は基礎的な知識・技能を認定するのに対して，公認心理師と臨床心理士は，実際的な支援に関わるような専門的な知識や技能を認定することが特徴となる。

（2）どのように取得するのか

　まず認定心理士は，学部での，定められた心理学の単位を取得することが必要で，資格試験を受ける必要はなく，書類審査のみにて認定を受けることができる。公認心理師と臨床心理士は資格試験を受ける必要があり，公認心理師は学部と大学院の心理学の単位取得，臨床心理士は大学院での臨床心理学関連の科目の取得が必要とされる。

その他，臨床心理士は資格取得後も更新制度が存在し，一生をかけて研鑽に努める必要がある（表 15-1 資格のプロセス参照）。

（3）違いについて

上述の説明からも明らかなように，認定心理士は，学部段階における心理学全般の知識や理解を認定するものである。認定心理士は，職能（職務を遂行する能力）を認定するものではなく，心理学の標準的基礎学力と技能を修得していることを認定されるにとどまる。

一方，公認心理師と臨床心理士は専門職である。両者が関わる仕事の領域は多くの重なりが見られるが，特に，医療の領域においては，公認心理師の資格を必要とされることが多い（それぞれの専門業務と職域については，表 15-2「専門業務・職域」参照）。

なお，公認心理師と臨床心理士は，カリキュラムにも違いがある。公

表 15-1　資格のプロセス

	認定心理士	公認心理師	臨床心理士
学部	大学を卒業し，学士号を取得　※心理学でなくてもよい　所定の心理学関係科目の単位を取得	「大学における必要な科目」の単位をすべて修得して卒業	
大学院		「大学院における必要な科目」の単位をすべて修得して修了	指定大学院で既定の単位を修得して修了
実務経験		or 2 年の実務経験	and 1 年の実務経験　※第 2 種指定大学院の場合
資格試験	書類審査のみ	資格試験の受験	資格試験の受験　資格の更新

出所：放送大学キャンパスガイド 2021 年 6 月号①【キャンパスチェック】特集「心理学資格について」より引用・改変

表 15-2　専門業務・職域

	公認心理師	臨床心理士
業務	・心理に関する支援を要する者の心理状態を観察し，その結果を分析すること ・心理に関する支援を要する者に対し，その心理に関する相談に応じ，助言，指導その他の援助を行うこと ・心理に関する支援を要する者の関係者に対し，その相談に応じ，助言，指導その他の援助を行うこと ・心の健康に関する知識の普及を図るための教育及び情報の提供を行うこと	・臨床心理査定（心理アセスメント） ・臨床心理面接（心理カウンセリング） ・臨床心理的地域援助 ・上記に関する調査・研究
職域	・保健医療分野 ・福祉分野 ・教育分野 ・司法・犯罪分野 ・産業・労働分野	・教育分野 ・医療・保健分野 ・福祉分野 ・司法・矯正分野 ・労働・産業分野

出所：放送大学キャンパスガイド 2021 年 6 月号①【キャンパスチェック】特集「心理学資格について」より引用・改変

　認心理師は，学部では，臨床心理学を中心としつつも心理学全般の幅広い知識・技能を，大学院では，臨床心理学の専門的知識・技能を修得する。一方の臨床心理士は，学部段階の専門は問われず，大学院において臨床心理学の専門的知識・技能を修得することが規定されている。

　公認心理師は，法律によって単位取得すべき科目や内容が規定されており，一方の臨床心理士は，「指定校」と呼ばれる，厳格な審査を経た教育機関（大学院）において教育を受けることが必要である。いずれも（教育内容に差はあるが）最終的な資格試験に合格すればよいのではなく，資格試験を受験できる要件を満たすためにも，様々なハードルが設定されているのである。

　両資格共に，人の心を大切にし，そのために必要な知識，そして人の心についての考え方を重視している。

　また，概念的な知識だけではなく，幅広くまた実践的な（臨床心理学
を中心とした）知を修得することが前提になっていることは，共通して
いるように思われる。

　以下，それぞれの資格について，より詳しく述べていきたい。

（桑原知子）

3.　認定心理士について

　認定心理士とは日本心理学会が認定する民間資格およびその有資格者
のことを指す。人工知能や脳科学，情報処理技術の発展など，「ヒト」
への関心が世界レベルで高まる中で，「心理学」が関わる領域は多様化，
複雑化してきており，これは大学における心理学関係の学科名に必ずし
も「心理学」という直接的名称を使わなくなってきていることにもつな
がっている。認定心理士とは，そのような学部・学科を卒業した者が，
心理学の基礎的学力と技能を修得していることを証明するものとして，
日本心理学会が認定する資格である。なお，心理学を専攻しない学部を
卒業した者も，必要な単位を科目等履修生として修得すれば取得でき
る。

（1）どうすればなれるのか

　まず，認定心理士資格の基礎条件として以下の3つがある。

①四年制大学を卒業し学士の学位を取得もしくは大学院修士課程を修了
　し修士の学位を取得

②16歳以降通算2年以上日本に滞在した経験を有していること

③認定心理士認定資格細則が指定する心理学関係の所定の単位を修得
　（図 15-1）

　以上の条件を満たしていれば，日本心理学会の認定委員会が配布する

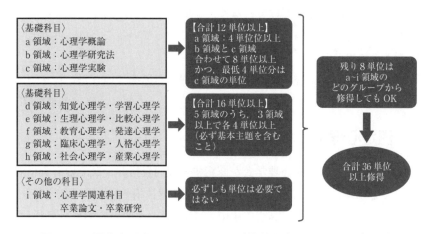

図 15-1　認定心理士のカリキュラム（放送大学ホームページより）
〈参考〉放送大学　ホームページ　資格取得とキャリアアップ＞認定心理
士＞認定単位数を満たすには
https://www.ouj.ac.jp/reasons-to-choose-us/qualification/
psychologist/02/

「認定心理士申請書類」に必要事項を記入して送付することにより，必
要な審査を経て，後日，同委員会から可否の通知が送付されることとな
る。つまり，特に試験を受ける必要はない。なお，認定心理士資格の申
請には下記の 3 種類がある。

①認定申請（大学卒業後の申請）

　認定心理士の認定申請は，大学卒業後，資格取得希望者が個人の資格
で申し込むことを原則としている。四年制の大学を卒業し，その在学
期間に取得した単位を認定単位として申請する。なお，大学卒業後，
他大学で履修した単位をあわせて申請することも可能。

②仮認定申請（大学卒業前の申請）

　仮認定制度は，「申請書どおりの単位が卒業時に修得されていること

が認定委員会で確認できた段階で認定心理士の資格を授与する」という

ことを卒業前に保証するものである。「仮認定審査」の申請の手続

きができる者は，申請書提出時に卒業見込証明書が発行される，在学

中の学生に限る。なお，認定単位として申請する単位はすでに取得し

た単位に限られる。仮認定の場合は申請時点までの単位取得を証明す

るための成績証明書と卒業見込証明書の提出が必要となる。

③日本心理学会会員の優遇措置

　申請時現在まで日本心理学会に 5 年以上連続して正会員として在籍

し，本務校において心理学関連科目を担当する大学等（四年制大学，

短期大学，高等専門学校，専門学校）の教員は，所定の手続きによっ

てこれらの事項を認定委員会へ届けることによって，資格審査を受

け，資格認定を受けることができる。

　申請に係る必要書類は日本心理学会のホームページからダウンロード

するか，郵送によって学会事務局から入手する。また同ホームページで

は電子申請も受け付けており，Web 上での資格申請が可能である。ち

なみに審査，認定は有料であり，審査料 10,000 円，認定料 30,000 円で

あり（2020 年 4 月現在），認定心理士として登録されると，認定証と認

定心理士証（ID カード）が発行される。

〈参考〉公益社団法人　日本心理学会　ホームページ　認定心理士資格

申請

　https://psych.or.jp/qualification/

（2）どのような意義があるのか

　「資格を取っていれば就職に有利」と考える人にとっては，試験を受

ける必要のない認定心理士という資格は魅力的かもしれないが，実際に

は認定心理士という資格を持っているだけで，就職に有利になるという

ことはない。日本心理学会のホームページ（Q&A）にも「認定心理士は心理学の基礎資格であり，職能の資格ではありません」と明記されていることからしても，認定心理士という資格を持っていることが，（心理学に関わる）職業上の能力を有することを証明するものではないと言える。心理学の専門性を生かした職能資格となると，やはり公認心理師や臨床心理士などの資格を取ることを考えざるを得ないであろう。

　しかし，冒頭にも述べたように認定心理士という資格が「心理学の基礎的学力と技能を修得していることを証明するもの」であることを考えると，日常生活の様々な事象について「心理学的」に考える基礎的な知識を有していることの証明になるとも言える。例えば，自身の子供の成長や子育て，自分自身の老いについて「発達心理学」的に考えたり，仕事のストレスや職場の人間関係や家族関係について「臨床心理学」的に考えることも可能であろう。また，認定心理士を認定するために必要な科目には，必ずしも「心理学」を冠した科目でなくとも，内容的に心理学的な内容を含んでいれば，それが単位として認定されることもありうる。つまり，自分自身は「心理学」とは考えずに大学等で学び，修得した科目内容が，「心理学」として認定される可能性も十分にあり，さらに諸条件を満たしていれば認定心理士として認定される可能性を持っている。とかく，「結果」や「根拠」が優先される現代社会において，認定心理士という資格には，目に見えない形でヒトの心やそのあり方を考える心理学の基礎的知識を有していることを公的に認めるものである，といった意義があると言えよう。

（伊藤　匡）

4．公認心理師について

　公認心理師は，2015年に成立した「公認心理師法」に基づく，心理

援助職の国家資格であり，厚生労働省と文部科学省が認定主体となる。2018 年に第 1 回の公認心理師試験が実施され，その結果，24,056 名の公認心理師が誕生した。2023 年 3 月末現在の名簿への登録者数は累計69,875 名となっている（日本心理研修センター HP 参照）。放送大学でも，2019 年度第 1 学期から公認心理師対応カリキュラムを学部段階で開設している。

（1）どのような資格なのか？

　公認心理師法は，「国民の心の健康の保持増進に寄与すること」（公認心理師法第 1 条）を目的とし，国として一定の資質を持った心理の専門職の養成をはかるために制定された法律である。

　また，信用失墜行為の禁止（第 40 条），秘密保持義務（第 41 条），連携等（第 42 条），資質向上の責務（第 43 条），名称の使用制限（名称独占）（第 44 条）等の義務が記されており，その内の秘密保持義務，名称の使用制限には罰則が規定されている。

　公認心理師は臨床心理士のような一定の研修を課す更新制度はなく，登録後は公認心理師として資格を保持し続けることが可能である。また，留意点として「医師の指示」についての規定があり，「公認心理師法第 42 条第 2 項に係る主治の医師の指示に関する運用基準について」（厚生労働省，2018）の通知によれば，要心理支援者に主治医がいる場合にはその指示に従うこと，いると思われる場合には，要支援者の不利益にならないよう注意しながら確認に努めることが明記されている。

（2）どうすればなれるのか？

　資格取得までの道筋には，通常ルートと経過措置ルートの 2 種類が存在する。ここでは通常ルートを中心に説明する（表 15-3 参照）。

表 15-3　大学・大学院における養成カリキュラム

大学における必要な科目		
1. 公認心理師の職責	10. 神経・生理心理学	19. 司法・犯罪心理学
2. 心理学概論	11. 社会・集団・家族心理学	20. 産業・組織心理学
3. 臨床心理学概論	12. 発達心理学	21. 人体の構造と機能及び疾病
4. 心理学研究法	13. 障害者・障害児心理学	22. 精神疾患とその治療
5. 心理学統計法	14. 心理的アセスメント	23. 関係行政論
6. 心理学実験	15. 心理学的支援法	24. 心理演習
7. 知覚・認知心理学	16. 健康・医療心理学	25. 心理実習（80 時間以上）
8. 学習・言語心理学	17. 福祉心理学	
9. 感情・人格心理学	18. 教育・学校心理学	
大学院における必要な科目		
1. 保健医療分野に関する理論と支援の展開		
2. 福祉分野に関する理論と支援の展開		
3. 教育分野に関する理論と支援の展開		
4. 司法・犯罪分野に関する理論と支援の展開		
5. 産業・労働分野に関する理論と支援の展開		
6. 心理的アセスメントに関する理論と実践		
7. 心理支援に関する理論と実践		
8. 家族関係・集団・地域社会おける心理支援に関する理論と実践		
9. 心の健康教育に関する理論と実践		
10. 心理実践実習（450 時間以上）		

※同一の大学・大学院ですべての単位を修得したうえで卒業・修了

出所：放送大学キャンパスガイド 2021 年 6 月号①【キャンパスチェック】
特集「心理学資格について」より引用・改変

　まず入り口として，公認心理師養成カリキュラムがある大学において法律にて規定されている科目の全ての単位を取得した上で卒業することが必要となる。その後，①法の規定する認定施設での 2 年の実務を経験する（公認心理師法第 7 条第 2 号），②公認心理師養成カリキュラムがある大学院に入学し，法律にて規定されている科目の全ての単位を取得

した上で修了という 2 つのいずれかの条件を満たすことで，公認心理師
の受験資格取得が可能となる。

　表 15-3 は大学・大学院における養成カリキュラムの一覧である。

　公認心理師のカリキュラムは学部の段階から，「臨床心理学」にとど
まらず，基礎的な心理学に関する知識，専門職としての職責・関連法規，
主要 5 分野（保健医療，福祉，教育，司法・犯罪，産業・労働）に関す
る心理援助の実際について等幅広い知識が求められる。また，カリキュ
ラムには，心理臨床に関する現場にて一定時間実習を行う実践的な科目
も課されている。大学では『心理実習』（80 時間以上の見学を中心とし
た実習），大学院では『心理実践実習』（450 時間以上の現場での支援等
実践を中心とした実習）がそれに該当する。

（3）活躍している分野は？

　公認心理師の活躍する場は，臨床心理士をはじめとした他の資格とも
重なる部分が多い（第 15 章 5. 臨床心理士についてを参照）。厚生労働
省の調査をもとに日本公認心理師協会がまとめた報告書（日本公認心理
師協会，2021）によれば，主要 5 分野では保健医療分野，教育分野，福
祉分野に従事している公認心理師が多いことがわかる。

（4）どのような意義があるのか？

　国家資格としての「公認心理師」が誕生するまでには 2 度の国会での
廃案等，多くの紆余曲折があった（吉川，2020）。それは一言で言うな
らば，「心理援助職の専門性は何か」という問いにまつわる出来事と言
える。心理援助職の職務は，「人のこころ」に関するものであり，「原
因－結果」が明確となるような事象ではない。心理療法の観点からすれ
ば，出会うクライエントの数だけ事象およびアプローチ法が存在する。

　高度情報化，グローバル化が進む中，社会は複雑化し，こころのあり様も多様化している。それに伴い，心理援助職も対個人の心理支援にとどまらず，援助チームの一員としての心理支援技能，コミュニケーション能力および連携力が問われるようになった。公認心理師には，幅広い分野に関わり，職場や地域の中で心理援助を行う「チームの一員」としてその専門性を発揮するという汎用性が求められている。

　心理援助職が専門性を保持し，クライエントの利益や幸せを守るためには，他の専門職に認められ，対等に協働していく必要がある。その意味でこの国家資格としての公認心理師は，重要な視座を与えてくれる。

（北原知典）

5．臨床心理士について

（1）何を学べばよいか

　臨床心理士は，「臨床心理学に基づく知識や技術を用いて心理的な問題を扱う専門家」であり，内閣府が認可する公益財団法人日本臨床心理士資格認定協会が指定した，臨床心理学に基づく専門のカリキュラムを備えた大学院を修了し，所定の条件を充足していれば，受験資格が与えられる。

　放送大学の大学院臨床心理学プログラムの場合の具体的なカリキュラムを，表15-4「臨床心理士資格のカリキュラム」に示す。

　これを見ると，臨床心理学に基づく理論，そして，実践に向けた実習や演習，さらには，心理査定のトレーニング，また，社会の様々な領域における実践に関する特論などを学ぶことがわかるだろう。

　なお，放送大学の大学院臨床心理学プログラムは，公益財団法人日本臨床心理士資格認定協会の「第2種大学院指定」を受けており，大学院臨床心理学プログラム修士全科生を修了した後，1年以上の実務経験を

表15-4　臨床心理士資格のカリキュラムー放送大学大学院臨床心理学
　　　　プログラムの場合

必修科目	臨床心理学特論(4) 臨床心理面接特論Ⅰ(2) 臨床心理面接特論Ⅱ(2)
24単位	臨床心理基礎実習(2) 臨床心理査定演習(4)　計150時間
	臨床心理実習(2)　90時間
	研究指導(8)
選択・必修	【A群】臨床心理学研究法特論(2) 心理・教育統計法特論(2)
	【B群】発達心理学特論(2) 教育心理学特論(2)
10単位 **【A群】~【E群】** **から各2単位** **以上**	【C群】現代社会心理学特論(2) 心理臨床における法と倫理(2) 　　　　司法矯正・犯罪心理学持論(2)
	【D群】精神医学特論(2) 障害児・障害者心理学特論(2)
	【E群】学校臨床心理学・地域援助特論(2) 投影査定心理学特論(2)

出所：放送大学キャンパスガイド 2021 年 6 月号①【キャンパスチェック】特集「心
理学資格について」より引用・改変

積んだうえで，臨床心理士の受験資格が得られることになっている。

　臨床心理士資格審査の合格率は，全国平均（2022 年度）が 64.8 ％で
あるのに対して，放送大学大学院臨床心理学プログラム修了生（2022
年度の実績）は，85.2 ％となっている。（放送大学 HP 参照）

https://www.ouj.ac.jp/reasons-to-choose-us/qualification/psychologist2/

（2）臨床心理士になるとどんな仕事に就くのか

　以下に臨床心理士が就いている仕事の例を示す。

教育分野

例：学校内の相談室（スクールカウンセラー），教育センター，各種教
育相談機関など。

医療・保健分野

例：病院・診療所（精神科，心療内科等），保健所，精神保健福祉センターなど。

福祉分野

例：児童相談所，療育施設，心身障害者福祉センター，障害者作業所，女性相談センター，老人福祉施設など。

司法・矯正分野

例：家庭裁判所，少年鑑別所，刑務所，拘置所，少年院，保護観察所，児童自立支援施設，警察関係の様々な専門的相談業務など。

労働・産業分野

例：企業内相談室，企業内健康管理センター，安全保健センター，ハローワーク，障害者職業センターなど。

このように，臨床心理士が働く場所は多岐にわたっている。

1988年日本臨床心理士資格認定協会が発足し，臨床心理士が誕生して以来，臨床心理士の名前は，広く人口に膾炙されることとなった。特に，1995年には国の「スクールカウンセラー活用調査研究委託事業」が始まり，全国の154校に臨床心理士が派遣されることとなり，その後2001年度からは，「スクールカウンセラー活用事業」としてさらに多くの学校にスクールカウンセラーが配置されることになったのである。文部省（当時）は，スクールカウンセラーの適格者として第一に臨床心理士を挙げた。こうして，臨床心理士は，実績を通じて，その仕事を開発してきたと言える。

新たに公認心理師という国家資格ができた後も，これまで臨床心理士が培ってきた実績や信頼は揺らいでおらず，現在は，公認心理師と臨床心理士の両資格を共に有する人が多い状況だと考えられる。

（3）臨床心理士の今後について

　新たな国家資格として公認心理師ができたとき，「臨床心理士はもうなくなってしまうのではないか」という声が聞かれた。しかし，実際には今でも臨床心理士を取得しようとする人は多く，また，大学院も引き続き臨床心理士の養成を続けているところが多いのが現状である。

　臨床心理士と公認心理師は，多くの重なりを有するが，一方で，教育や更新制度（特にそれに伴う研修機会）において，違いを有している。公認心理師と臨床心理士は，お互い切磋琢磨しながら，補完していくようなあり方を目指すべきではないかと筆者は考えている。

6. 資格を取ることの意味について

（1）なぜ資格を取ろうとするのか

　人はなぜ資格を取ろうとするのだろうか。資格を得られると，何か自分に能力が備わったような，どこか「芯」を得たような感じがするのかもしれない。それとともに，資格は職業と結びついており，資格を得ることはすなわち仕事を得ることにつながり，生きていくうえでの基盤を作ることにつながると考えるのかもしれない。

　では，心理学の資格において，このようなことが起こるのだろうか。

　まず，認定心理士は，直接就職や仕事に結びつくものではなく，上記のような意味での資格とは異なっているだろう。

　また，公認心理師や臨床心理士の資格を取得したからといって，その日から心理臨床において，カウンセラー（セラピスト）として素晴らしい能力を発揮するわけではない。心理臨床は，相手も状況もあるいはカウンセラー（セラピスト）自身も絶えず変化する中で，これまでに持っていた知識や経験が役に立たなくなることがいくらでもある。資格を得たからと言って，その事情が変わるわけではない。

　では何のために資格を取るのだろうか。

　もちろん，就職の際に資格の有無が問われることもあるだろうし，社会に向けて，自分の肩書を示すときに必要になる場合もあるだろう。しかし，残念ながら，心理臨床の場では，それは有力な武器とはならないのである。大事なことは（資格があろうがなかろうが），クライエントに接したときに，自分が自分としてしっかりと存在できることであり，そのために，資格を持っていることはなにがしかの働きをしてくれるだろう，ということぐらいなのである。

　一方で，心理臨床の場では，頼りになるものがあまりにも少ないので，「私は資格を有している」ということが，ごくわずかであっても自分の支えになる可能性があるかもしれない。資格を持つということは，その心許なさを知りつつ，それを大切にしながら歩んでいくしかないもののように思われる。

　つまり，心理臨床の場では，「これだけ持っていればちゃんとやれる」というものが１つもないので，利用できるものは何でも利用し，やれることは何でもやる必要があるのだ。

（２）何を以て「資格がある」と言えるのだろうか

　心の領域における資格にとって，何を以て資格あり，と言えるかは，非常に答えるのが難しい事柄である。もちろん教師，看護師，弁護士，医師など，様々な資格においても，その難しさがないわけではない。しかし，これらの領域においては，その「専門性」がある程度はっきりしており，それを修めているかいないかということを基準に据えることができるだろう。一方で，心理臨床の場合，その専門性を定義することが相当難しく，また，「これさえできていればよい」という最低基準にするのか，「これを達成していなければならない」という，ある程度高度

な専門性を要求するのかという点においても様々に意見が異なるのではないだろうか。

そもそも，心理学の資格は難産であった。

「日本臨床心理学会」（傍点筆者）が1964年に創設されたのだが，1969年名古屋大学で開催された日本臨床心理学会第5回大会は「臨床心理技術者」の資格審査をめぐって紛糾し，2日目からの研究発表はすべて中止になるという事態に至った。その後資格問題は凍結したまま時が過ぎ，その間新たに「日本心理臨床学会」（傍点筆者）が発足し，そしてやっと資格として実を結んだのが，1988年の臨床心理士誕生だったのである。

公認心理師の誕生においても，多くの議論が沸き起こり，「何を以て資格ありと言えるのか」という問いへの答えが，いかに難しいことかを皆が実感することになった。

（3）ではどのように資格と向き合うのか

心理臨床において，「これさえあれば万能」といった理論も技術もない。ただ，臨床心理士の資格を取ると定期的に研修を受ける機会が与えられて，更新もあるため，自分のバージョンアップに励もうとする。公認心理師の資格を取ると，国家資格を持つものとしての責任を自覚するだろう。こうしたことは，心理臨床を続けるうえでけっしてマイナスにはならないと考える。

一方で，心理臨床の場合，これさえ取ればよいという資格が存在しないのだから，資格取得だけを目指して学習を続けるということに意味はない。公認心理師であれ臨床心理士であれ，資格取得は入り口に立ったことを示すに過ぎない。

逆に考えると，資格を取らなくても，心理学を学ぶことには大きな意

味があるとも言える。心理臨床の学びには，生きることと直結する「知」
が存在するのだから。自分の対人支援の専門性を深め，広げたいと考え
る人にとって，資格取得の有無とは関係なく，心理学はいつでもその門
戸を開けて待っていてくれるように思う。

（桑原知子）

学習課題

　本章の著述を読んで，自らが「資格」とどのように向き合っていくの
か，について考えてみましょう。

引用文献

厚生労働省（2018）：厚生労働省 HP．公認心理師法第 42 条第 2 項に係る主治の医
　師の指示に関する運用基準について
　https://www.mhlw.go.jp/content/12200000/000964676.pdf
日本公認心理師協会（2021）：厚生労働省　令和 2 年度障害者総合福祉推進事業　公
　認心理師の活動状況等に関する調査．
　https://www.mhlw.go.jp/content/12200000/000798636.pdf
日本心理研修センター：日本心理研修センターHP．公認心理師の都道府県別登録
　者数．
　https://www.jccpp.or.jp/toroku.cgi#regist_001_anchor_09
吉川眞理（2020）：心の専門家としての臨床心理士と国家資格 公認心理師誕生の道
　のり．（吉川眞理・平野直己編著）心理職の専門性 – 公認心理師の職責 –．放送大
　学教育振興会（放送大学教材）．

参考文献

放送大学：放送大学 HP.　公認心理師.
　https://www.ouj.ac.jp/reasons-to-choose-us/qualification/psychologist3/
厚生労働省：厚生労働省 HP.　公認心理師.
　https://www.mhlw.go.jp/stf/seisakunitsuite/bunya/0000116049.html

索引 |

●配列は五十音順，＊は人名を示す。

分担執筆者紹介

岩永　雅也（いわなが・まさや） ・執筆章→2

1953 年	佐賀県に生まれる
1982 年	東京大学大学院教育学研究科博士課程修了
現在	放送大学長，博士（学術）
専攻	教育社会学，生涯学習論，社会調査
主な著書	創造的才能教育（共編著　玉川大学出版会　1997 年）
	大人のための「学問のススメ」（共著　講談社　2007 年）
	格差社会と新自由主義（共編著 放送大学教育振興会　2011 年）
	現代の生涯学習（放送大学教育振興会　2012 年）
	教育社会学概論（放送大学教育振興会　2019 年）

岩崎　久美子（いわさき・くみこ） ・執筆章→3

1962 年	宮城県に生まれる
2013 年	筑波大学大学院図書館情報メディア研究科修了
現在	国立教育政策研究所総括研究官を経て，放送大学教授，博士（学術）
専攻	成人教育学，生涯学習論
主な著書・訳書	フランスの図書館上級司書（明石書店　2014 年）
	社会教育・生涯学習研究のすすめ（分担執筆　学文社　2015 年）
	経験資本と学習（共著　明石書店　2016 年）
	生涯学習支援論ハンドブック（分担執筆　国立教育政策研究所　2020 年）
	ファシリテーター・ハンドブック（共訳　明石書店　2023 年）
	学習の環境－イノベーティブな実践に向けて（共訳　明石書店　2023 年）

橋本 鉱市 (はしもと・こういち)

　　　　　　　　　　　　　　　　　　　　　　　　　　　　　　・執筆章→5

1965 年　愛知県に生まれる

1993 年　東京大学大学院教育学研究科（教育社会学コース）博士課
　　　　　程修了

現在　　東京大学教育学部助手，学位授与機構審査研究部助教授，
　　　　　東北大学大学院教育学研究科助教授，東京大学大学院教育
　　　　　学研究科教授を経て，放送大学教養学部教授，博士（教育学）

専攻　　高等教育研究

主な著書・訳書

　　　　　専門職養成の政策過程（学術出版会　2008 年）

　　　　　高等教育の政策過程（玉川大学出版部　2014 年）

　　　　　高等教育の社会学（共監訳　玉川大学出版部　2015 年）

　　　　　専門職の質保証（編著　玉川大学出版部　2019 年）

　　　　　よくわかる高等教育論（共編著，ミネルヴァ書房　2021 年）

櫻井 直輝 (さくらい・なおき)

　　　　　　　　　　　　　　　　　　　　　　　　　　　　　　・執筆章→6

1984 年　神奈川県に生まれる

2017 年　東京大学大学院教育学研究科博士課程単位取得満期退学

現在　　会津大学短期大学部専任講師を経て，2022 年 4 月より放送
　　　　　大学准教授，修士（教育学）

専攻　　教育行政学

主な著書・訳書

　　　　　生きるための知識と技能 6（分担執筆　明石書店　2016 年）

　　　　　地方教育行政とその空間（共著　学事出版　2022 年）

　　　　　アカウンタビリティを取り戻す（共訳　東京電機大学出版
　　　　　局　2022 年）

高橋　秀明（たかはし・ひであき）

1960 年	山形県に生まれる
1990 年	筑波大学大学院博士課程心理学研究科単位取得退学
現在	放送大学教授
専攻	認知心理学，情報生態学
主な著書	メディア心理学入門（共編著　学文社　2002 年）

記憶の心理学と現代社会（分担執筆　有斐閣　2006 年）
説明の心理学：説明社会への理論・実践的アプローチ（分担執筆　ナカニシヤ出版　2007 年）
ライブラリスタンダード心理学　第 5 巻　スタンダード認知心理学（分担執筆　サイエンス社　2015 年）
ユーザ調査法（放送大学教育振興会　2020 年）
学習・言語心理学（放送大学教育振興会　2021 年）
日常生活のデジタルメディア（共著　放送大学教育振興会 2022 年）

進藤　聡彦（しんどう・としひこ）

・執筆章→ 8

1957 年	山梨県に生まれる
1987 年	東北大学大学院教育学研究科博士課程単位取得満期退学
現在	山梨大学大学院総合研究部教授などを経て，放送大学教養学部教授，山梨大学名誉教授，博士（教育学）
専攻	教育心理学
主な著書	素朴理論の修正ストラテジー（風間書房　2002 年）

私たちを知る心理学の視点（共編著　勁草書房　2004 年）
一枚ポートフォリオ評価 中学校編（共著　日本標準　2006 年）
社会科領域における学習者の不十分な認識とその修正（共著　東北大学出版会　2008 年）
人間教育の教授学（分担執筆　ミネルヴァ書房　2021 年）
応用心理学ハンドブック（分担執筆　福村書店　2022 年）
思考力を育む知識操作の心理学（共著　新曜社 2022 年）

森　津太子（もり・つたこ）

・執筆章→ 9

1970 年	岐阜県に生まれる
1998 年	お茶の水女子大学大学院博士課程単位収得退学
現在	放送大学教養学部心理と教育コース教授，博士（人文科学）
専攻	社会心理学，社会的認知
主な著書	社会心理学 —社会で生きる人のいとなみを探る—（分担執筆　ミネルヴァ書房　2009 年）

現代の認知心理学 6—社会と感情—（分担執筆　北大路書房　2010 年）

現代社会心理学特論（放送大学教育振興会　2015 年）

社会・集団・家族心理学（放送大学教育振興会　2020 年）

公認心理師　国家試験対策全科（分担執筆　金芳堂　2022 年）

心理学概論（共著　放送大学教育振興会　2024 年）

大山　泰宏（おおやま・やすひろ）

・執筆章→ 11

1965 年	宮崎県に生まれる
1997 年	京都大学大学院教育学研究科博士課程研究指導認定退学
現在	京都大学高等教育教授システム開発センター助手，京都大学高等教育研究開発推進センター准教授，京都大学大学院教育学研究科准教授を経て，放送大学教授，博士（教育学），臨床心理士
専攻	心理臨床学
主な著書	心理療法と因果的思考（共著　岩波書店　2001 年）

セラピストは夢をどうとらえるか—五人の夢分析家による同一事例の解釈（共著　誠信書房　2007 年）

生徒指導・進路指導　教職教養講座第 10 巻（編著　協同出版　2018 年）

日常性の心理療法（日本評論社　2020 年）

橋本　朋広 (はしもと・ともひろ)

・執筆章→ 12

1970 年	福島県に生まれる
2000 年	大阪大学大学院人間科学研究科博士後期課程修了
現在	大阪大学大学院人間科学研究科助手，京都ノートルダム女子大学講師，大阪府立大学人間社会学部助教授，大阪府立大学大学院人間社会システム科学研究科教授を経て，放送大学教授，博士（人間科学），臨床心理士，公認心理師
専攻	臨床心理学，心理療法，心理アセスメント
主な著書	風土臨床（分担執筆　コスモス・ライブラリー　2006 年） 心理療法の彼岸（同上　2012 年） 心理療法と祈り（同上　2018 年） 心理カウンセリング序説（分担執筆　放送大学教育振興会　2021 年） 臨床心理学特論〔新訂〕（共編著　放送大学教育振興会　2023 年）

丸山　広人 (まるやま・ひろと)

・執筆章→ 13

1972 年	石川県に生まれる
2003 年	東京大学大学院教育学研究科博士課程単位取得退学，博士（教育学），臨床心理士，公認心理師
現在	放送大学教養学部教授
専攻	臨床心理学，教育心理学
主な著書	学校臨床学への招待（共著　嵯峨野書院　2002 年） いじめ・いじめられる青少年の心（分担執筆　北大路書房　2004 年） 学校で役立つ臨床心理学（編著　角川学芸出版　2010 年） 教育現場のケアと支援（大月書店　2016 年） 臨床心理地域援助特論（分担執筆　放送大学教育振興会　2021 年） 臨床心理学特論〔新訂〕（分担執筆　放送大学教育振興会　2023 年）

波田野　茂幸 （はたの・しげゆき）

・執筆章→ 14

1967 年	新潟県に生まれる
1993 年	早稲田大学大学院人間科学研究科健康科学専攻修士課程修了（人間科学）
現在	国際医療福祉大学大学院医療福祉学研究科臨床心理学専攻准教授を経て，放送大学准教授，臨床心理士，公認心理師
専攻	臨床心理学，児童思春期臨床，教育相談臨床
主な著書	心理カウンセリング序説（分担執筆　放送大学教育振興会2021 年） インクルーシブ教育システム時代の就学相談・転学相談　一人一人に応じた学びの実現を目指して（分担執筆　ジアース教育新社　2021 年） 臨床心理学特論〔新訂〕（分担執筆　放送大学教育振興会2023 年）

桑原　知子 （くわばら・ともこ）

・執筆章→ 15

1955 年	滋賀県に生まれる
1987 年	京都大学大学院教育学研究科博士後期課程修了（京都大学教育学博士）
現在	京都大学名誉教授，放送大学特任教授，臨床心理士，公認心理師
専攻	臨床心理学
主な著書	人格の二面性について（風間書房　1991 年） もう一人の私（創元社　1994 年） 教室で生かすカウンセリングマインド（日本評論社　1999 年） 家裁調査官レポート（共編著　日本評論社　2001 年） カウンセリング・ガイドブック（共編著　岩波書店　2007 年） カウンセリングで何がおこっているのか（日本評論社2010 年） 教室で生かすカウンセリング・アプローチ（日本評論社2016 年）

北原　知典 (きたはら・とものり)

・執筆章→ 15

1967 年	東京都に生まれる
1994 年	東京学芸大学大学院教育学研究科修士課程修了
現在	放送大学准教授，公認心理師，臨床心理士
専攻	臨床心理学，発達心理学
主な著書	遊戯療法の実際（分担執筆　誠信書房　2005 年）
	実践！0・1・2 歳児の子育て支援　発達の理解と親子への
	アプローチ（分担執筆　中央法規出版　2012 年）

伊藤　匡 (いとう・まさし)

・執筆章→ 15

1971 年	兵庫県に生まれる
2002 年	昭和女子大学大学院生活機構研究科博士課程生活機構学単位取得満期退学
現在	放送大学公認心理師教育推進室准教授
主な著書	こころの科学 148 号　映画に描かれた『キレる』（分担執筆　日本評論社　2009 年）
	こころの科学増刊　対話がひらくこころの多職種連携（分担執筆　日本評論社　2018 年）
	保健医療心理学特論（分担執筆　放送大学教育振興会　2022 年）

編著者紹介

苑　復傑 （ユアン・フジエ）

・執筆章→1・4

1958 年	北京市に生まれる
1982 年	北京大学東方語言文学系卒業
1992 年	広島大学大学院社会科学研究科博士課程修了
現在	文部省メディア教育開発センター助手，助教授，教授を経て，放送大学教授
専攻	高等教育論，教育社会学，比較教育学
主な著書	大学とキャンパスライフ（分担執筆　上智大学出版　2005 年） 現代アジアの教育計画 下（分担執筆　学文社　2006 年） 国際流動化時代の高等教育（分担執筆　ミネルヴァ書房 2016 年） 教育のための ICT 活用〔改訂版〕（共編著　放送大学教育振興会　2022 年） 情報化社会におけるメディア教育（共編著　放送大学教育振興会　2024 年）

向田　久美子 （むかいだ・くみこ）

・執筆章→1・10

1969 年	三重県に生まれる
2003 年	お茶の水女子大学大学院人間文化研究科博士課程単位取得退学
現在	放送大学准教授，博士（心理学）
専攻	発達心理学，文化心理学
主な著者	メディアと人間の発達（分担執筆 学文社　2003 年） 心理学から見る日常生活（共著 八千代出版　2011 年） 発達心理学〔新訂〕（編著　放送大学教育振興会　2017 年） 新 乳幼児発達心理学〔第 2 版〕（共編著 福村出版 2023 年） 心理学概論（共著　放送大学教育振興会　2024 年）

佐藤　仁美（さとう・ひとみ）

1967 年	静岡県に生まれる
1991 年	日本大学大学院文学研究科心理学専攻博士前期課程修了
現在	放送大学准教授，臨床心理士，芸術療法士，公認心理師
主な著書	思春期・青年期の心理臨床〔改訂版〕（共編著　放送大学教育振興会　2013 年）
	心理臨床とイメージ（共編著　放送大学教育振興会　2016 年）
	音を追究する（共編著　放送大学教育振興会　2016 年）
	色と形を探究する（共編著　放送大学教育振興会　2017 年）
	色を探究する〔新訂〕（共編著　放送大学教育振興会 2023 年）

放送大学教材　1140124-1-2411（ラジオ）

新訂　心理と教育へのいざない

発　行　　2024 年 3 月 20 日　第 1 刷

編著者　　苑　復傑・向田久美子・佐藤仁美

発行所　　一般財団法人　放送大学教育振興会

　　　　　〒105-0001　東京都港区虎ノ門 1-14-1　郵政福祉琴平ビル

　　　　　電話　03（3502）2750

Printed in Japan　ISBN978-4-595-32441-3　C1337